基于教育大数据的
教师专业成长丛书

王陆◎丛书主编

基于教育大数据的
教师专业发展方法与技术

石群雄　王冬梅 ◎ 主编

北京师范大学出版集团
BEIJING NORMAL UNIVERSITY PUBLISHING GROUP
北京师范大学出版社

图书在版编目(CIP)数据

基于教育大数据的教师专业发展方法与技术/石群雄，
王冬梅主编.—北京:北京师范大学出版社,2020.12(2024.2重印)
（基于教育大数据的教师专业成长丛书）
ISBN 978-7-303-26807-8

Ⅰ.①基… Ⅱ.①石… ②王… Ⅲ.①中小学—师资
培养—研究 Ⅳ.①G635.12

中国版本图书馆 CIP 数据核字(2021)第 016556 号

图书意见反馈　　gaozhifk@bnupg.com　010-58805079
营销中心电话　　010-58802755　58800035
编辑部电话　　010-58806368

出版发行:北京师范大学出版社　www.bnupg.com
　　　　　北京市西城区新街口外大街 12-3 号
　　　　　邮政编码:100888
印　　刷:北京虎彩文化传播有限公司
经　　销:全国新华书店
开　　本:730 mm×980 mm　1/16
印　　张:12.5
字　　数:165 千字
版　　次:2020 年 12 月第 1 版
印　　次:2024 年 2 月第 3 次印刷
定　　价:30.00 元

策划编辑:林　子　　　　　责任编辑:孟　浩
美术编辑:焦　丽　　　　　装帧设计:焦　丽
责任校对:康　悦　　　　　责任印制:陈　涛

内容介绍

在大数据时代，教师不能仅仅依靠长期实践而获得自身成长，如何利用教育大数据寻求自身专业高质、高效的快速发展，是当今时代教师所面临的机遇与挑战。本书作为一本系统介绍基于教育大数据（Big Data of Education）的教师专业发展的学术专著，其阅读对象定位在从事教师专业发展领域研究的专业人员、中小学教师及教育工作者。

本书作为北京教育学院丰台分院靠谱COP（Communities Of Practice）项目的研究成果，以教师在线实践社区为基本的研究情境，采用科学研究第四范式（the Fourth Paradigm），即数据密集型发现（Data-Intensive Scientific Discovery）范式，以课堂教学行为大数据和实践性知识两类基础性教育大数据为例，结合大量的中小学教学实践案例，为读者介绍了基于教育大数据的教师专业发展方法与技术。

全书共5章。第1章是教育大数据与教师专业发展。第2章是基于教育大数据的课堂观察方法与技术。课堂观察方法与技术可以支持教师个人、学校和区域开展基于教育大数据的研修活动。第3章是基于教育大数据的物理教学研究与实践。第4章是基于教育大数据的英语教学研究与实践。第3章和第4章分别以中学物理和小学英语为例，介绍了如何利用教育大数据开展教学研究与教师专业发展实践的内容。第5章是基于教育大数据的教师专业发展路径。本书包含了大量鲜活的案例，既有案例的剖析，又有专业引领，更有模式构建。

本书也可以作为教育技术学硕士研究生及博士研究生相关课程的教学参考用书。

前　言

　　百年大计，教育为本。教育大计，教师为本。大力加强教师队伍建设，努力培养造就一大批一流教师，不断提高教师队伍的整体素质，是贯彻落实《国家中长期教育改革和发展规划纲要（2010—2020 年）》的一项重要举措，是新时期教育事业科学发展的重要任务和紧迫要求。《北京市丰台区"十三五"时期教育事业发展规划》指出，建设高素质教师队伍，完善网络研修平台，创设专业发展平台，健全教师专业能力发展长效机制，提升教师专业化发展水平，是"十三五"期间的重点发展任务之一。因此，需要借助互联网、大数据、人工智能等现代信息技术，打造信息化教学创新团队，支持学校主动应用探索教育教学新模式，充分利用人工智能等新技术成果助推教师教育，提升教师面向未来教育发展进行教育教学变革的素养。

　　大数据作为与自然资源、人力资源同等重要的战略资源，是一个国家数字主权的体现；在大数据时代，国家层面的竞争力将部分体现为一个国家所拥有大数据的规模、活力以及对数据的解释与运用的能力。教育大数据是大数据的一个子集，特指教育领域的大数据，是整个教育活动过程中所产生的以及根据教育需要采集到的，一切用于教育发展并可创造巨大潜在价值的数据集合。教育大数据并非仅仅强调数据的数量"大"，更重要的是强调数据带来的作用"大"：通过对大量的教育数据进行分析，得出教育数据之间存在的联系、分析产生数据的原因并且帮助预测教育发展趋势。

　　在大数据时代，教师的专业发展面临着诸多机遇与挑战。繁杂的教育实践活动犹如飘在教师眼前的一片"浓雾"，传统经验丰富的教师往往可以通过长期的实践活动与自我反思"拨开浓雾"，看到教育教学的规律，而这一过程需要长时间的磨砺与教师的悟性。随着科技的发展与知识的与日俱增，社会对教师的期望越来越高，同时对教师成长时间的耐心日益降低。面临日益复杂的师生关系与日新月异的知识体系，教师不能再仅仅依靠传统的长期实践而获得自身成长。因此，寻求自身专业高质、高效的快速成长是当今时代教师所面临的机遇与挑战。利用教育大数据可以大大缩短教师专业成长的时间，而如何采集、利用这些数据使教师快速成长也是摆在中小学教师和教育工作者面前的一大难题。

2014 年起，北京教育学院丰台分院引入首都师范大学王陆教授领衔的专家资源，分四个批次面向丰台区 225 名中小学教师开展了靠谱 COP 项目。在靠谱 COP 项目中，利用教育大数据诊断课堂教学行为和教师的实践性知识，并基于这些教育大数据开展了系列教师专业发展活动，实现了教师专业水平的快速发展，表现为教师的课堂教学行为发生了显著改进，教师的实践性知识不断丰富。本书正是基于 6 年来的教师专业发展成果，与大家分享基于教育大数据的教师专业发展方法与技术。

靠谱 COP 项目通过网络平台建立了由中小学教师、大学专家和助学者构成的教师专业发展的学习型组织，创建了面向信息化的教师专业发展新模式。靠谱 COP 项目立足于课堂教学，聚焦课堂教学行为，以教师实践性知识的增长和教学行为改进为研修目标，以课堂教学行为大数据为研究工具，通过具体经验获取、反思性观察、抽象概括和积极实践四个阶段形成的经验学习(experiential learning)模式开展教师研修活动，循环往复，发展提升，提高研修教师的终身学习能力、信息化教学能力以及教学创新实践能力。

靠谱 COP 项目中的教育大数据包括教师的课堂教学行为数据和教师的实践性知识数据，不仅实现了教师实践性知识与课堂教学行为的可视化，而且利用大数据融合和数据挖掘技术进行内外互动的大数据分析，为学校和教师的发展提供基于数据的决策支持。6 年来，靠谱 COP 项目建立了丰台区大数据常模系统，使得课堂评价标准具有普遍性、全面性，能够对课堂进行科学、客观、精准的评价；培养出了一批特色名师，这些教师在课堂诊断分析、问题化教学及学习分析等方面树立起了自己的教学特色，带动并影响了丰台区的一线教师，实现了试点项目的示范作用。

在面向全学科开展项目研修的基础上，靠谱 COP 项目不断探索大数据服务与学科教研深度整合的机制，在中学物理和小学英语两个学科中开展学科教学研究与实践，从项目顶层设计到项目实施过程中的每一步，都由专家团队和教研团队强强联合、深度合作，不仅能提升项目对学科教学指导的专业性，同时也带动并促进了学科教研质量的提升。

本书由北京教育学院丰台分院石群雄和王冬梅共同担任主编，并进行了总体设计和统稿工作。蔡荣啸老师参与了本书的撰写工作，张敏霞副教授参与了各章节的框架设计，并协助参与了全书的统稿工作。张薇博士研究生和路征老师参与了书稿中的部分案例撰写工作。

感谢首都师范大学王陆教授领衔的靠谱 COP 项目助学服务团队对丰台区教师专业发展的鼎力支持和智慧贡献！特别感谢王陆教授、杨卉教授、张敏霞副教授、冯涛副教授、王彩霞副教授以及靠谱 COP 联盟陈莉理事长、王鹏老师和赵炜老师等专家及助学者对丰台区靠谱 COP 项目研修教师给予的专业引领与倾情帮助。他们的专业指导加速了丰台区靠谱 COP 项目研修教师的专业成长，使得教师的课堂教学发生了可喜的变化，并利用教育大数据为学校和丰台区带来了丰硕成果。

感谢先后四个批次加入丰台区靠谱 COP 项目的 225 名中小学教师的辛勤付出与不懈努力，特别为他们的快速成长与发展感到骄傲。这些收获的背后有他们克服困难定期参加集中面授培训，利用休息时间进行网络学习与研讨，借助专家和同伴的力量开展一次次的课堂教学实践与改进活动……他们一直在践行"实践＋反思"的教师专业发展理念，在自身得到发展的同时，也为其他教师起到了示范作用，同时也为本书提供了大量的鲜活案例。

感谢北京教育学院丰台分院支梅副院长及其带领的优秀团队，他们给予了靠谱 COP 项目以人力、智力、物力、财力等各方面的鼎力支持。我们自己在这支有智慧、乐专研、善管理的团队中得到了成长，也惠泽了靠谱 COP 项目研修教师。

本书之所以能够顺利完成，还要感谢北京师范大学出版社的栾学东副总编辑的亲自指导和大力帮助。本书的策划编辑林子，作为曾经担任过三年靠谱 COP 项目的助学者，满怀热情地投入本书的策划，与出版社的其他同人认真、细致、严谨地完成了书稿的各项编辑工作，使得本书能够顺利出版。

本书参考并引用了国内外大量的资料，其中的主要来源已在各章的参考文献目录中列出，如有遗漏，恳请原谅。由于作者经验与学识所限，加上时间紧迫，书中不足之处在所难免，欢迎读者指正。

石群雄

于北京

2020 年 1 月 20 日

目　录

第5章　基于教育大数据的教师专业发展路径

第1章 教育大数据与教师专业发展

伴随信息技术的飞速发展与新兴技术的成熟普及，作为挖掘新知识、发现新规律、创造新价值的海量数据——"大数据"已成为当今时代信息技术发展的代名词。同时，数据驱动下的技术"新能源"正推进教育的提升与革新，教育大数据呈现出史无前例的发展态势。[1]

2018年4月13日，中华人民共和国教育部发布的《教育信息化2.0行动计划》明确指出，实施教育大资源共享计划，利用大数据技术采集、汇聚互联网上丰富的教学、科研、文化资源，为各级各类学校和全体学习者提供海量、适切的学习资源服务，实现从"专用资源服务"向"大资源服务"的转变。而教育大数据除了学习资源以外，还大量存在于日常的课堂教学之中，这也是教育大数据构建的必不可少的方面之一。相对其他大数据资源而言，课堂教学大数据更能反映师生发展情况及教育质量。

复杂性是教育的一大特征，它包含不同学生个体的复杂性、教育过程的复杂性、学生管理的复杂性以及教师专业发展的复杂性等。正是教育的复杂性在各方面的体现，才使教育大数据发挥其特长——精细化、个性化分析，使参与教育的各方通过数据采集、分析、预判等手段各取所需，使参与教育的各方得到个性化的适切发展。

从社会发展角度来讲，教育的未来取决于它能否对区域发展负起应有的责任，治理为本、区域先行逐步成为中国改革的重要路径。区域教育治理的重要意义和关键作用逐步凸显。区域教育治理是教育改革和发展的阶段性目标，其治理的目的在于统筹布局，在于各地、各级、各类教育的协同发展。从 2014 年起，北京教育学院丰台分院经过精心策划，引入教育大数据技术及专家资源，连续 6 年组织开展了靠谱 COP 项目，开启了以教育大数据为抓手，促进教育治理体系现代化发展的征程，在促进教师迈向现代化、专业化发展的道路上不断探索。

1.1 教师专业发展

教师作为专业人员，其自身能力始终是制约其专业技能发展的重要因素。有些学者指出，教师的专业发展就是使教师发展为学习的激发者并成为学习内容的共同创建者。[2]同时，教师的专业发展实质上就是使教师成长为优秀教师。

在过去的一个世纪中，人们一直在探寻优秀教师的特质，并进行了大量的研究。例如，美国伊莱恩·K.麦克尤恩(Elaine K. McEwan)根据长期从事教育教学和教育管理工作所积累的经验以及对众多杰出的教育工作者的调查，概括出了优秀教师在个性、教学和智力三个方面的主要特征。其中，个性特征包括满怀使命感和热情、积极而真诚、具有领导才能；教学特征包括全面关注学生、独特的风格、激励技巧和有效教学；智力特征包括渊博的书本知识、丰富的社区经验和精神生活。后来，以美国弗兰德斯(Flander)等人为代表，出现了越来越多的聚焦优秀教师课堂教学行为的研究成果。[3]诸如，优秀教师喜欢根据具体教学情境做出灵活的、直接的或间接的反应；不盲目追求唯一的教学行为表现方式；能够从学生的角度观察周围的一切，能够保护学生表现出的个性特征并提供支持与环境；喜欢做教学实验，尝试新办法；善于提问，而不把自己仅看作一个回答者；往往会表现出赞扬的态度，经常微笑、点头、评价等。

1.1.1 教师专业发展的内涵

从"教师专业发展"的构词角度来看，教师专业发展首先是将教师行业作为一个专业领域来看待。从历史的演变来看，教师这一行业从非专业化迈向专业化的过程，经历了不同时期对教师专业发展的定义的表述。随着我国教育法对教师专业的法律层面的界定，学术界也对教师专业发展内涵进行了探讨。

叶澜教授认为，教师专业发展就是教师的专业成长或教师内在专业结构不断更新、演进和丰富的过程。[4]朱宁波认为，教师个人在历经职前师资培育阶段、任教阶段和在职进修的整个过程中都必须持续地学习与研究，不断发展其专业内涵，逐渐达到专业圆熟的境界。[5]

通过上述不同表述可以发现，教师专业发展实质上是以教师专业自觉意识为动力，以教师教育为主要辅助途径，教师的专业知识素质和信念系统不断完善、提升的动态发展过程。[6]

那么，如何根据教师专业发展内涵来提升教师的专业能力？

随着信息技术的迅猛发展，信息技术已经带给生活很多的变化，然而信息技术至今还没有给学校课堂中的教与学带来革命性的影响。有研究者指出，信息技术之所以还没有给教与学带来革命性的影响，其关键原因是，教师的专业学习方式至今没有得到改进，特别是缺乏技术支持的教师专业学习方式。[7]

在教育大数据环境下，TPACK 被视作教师专业发展的核心能力。TPACK 的全称为 Technological Pedagogical Content Knowledge，即整合技术的学科教学知识，由美国学者凯勒（Koehler）和米什拉（Mishra）在 2005 年提出。TPACK 由 7 个要素构成，包括学科内容知识（CK）、教学法知识（PK）、技术知识（TK）三个核心要素。这三个核心要素之间两两相交集，形成学科内容、教学法和学科教学三大复合知识，即整合技术的学科内容知识（TCK）、整合技术的教学法知识（TPK）、学科教学知识（PCK）。而核心要素三者重叠的地带则形成学科教学知识，即整合技术的学科教学知识。[8]

学科内容知识是指教师头脑中知识本身的数量和组织结构，是实际被学习或教授的有关该学科的所有知识，包括中心事实、概念、理论、研究进程、组织框架、关联理论和相关证据、证明及规则知识。

教学法知识是指基本的、一般的教学法知识。科勒和米什拉进一步将其解释为关于教与学的过程、实践或方法的深层知识以及如何实现教育的目标与价值的知识，包括学生学习、教室管理、课程计划发展与实施以及学生评价方面的知识。

技术知识是关于标准的技术的知识，这既包括传统的技术，如书本、粉笔和黑板，也包括新兴的技术，如互联网、数字媒体等。由于技术是不断发展的，因此还包括对具体技术的操作和对新技术的学习和适应。

整合技术的学科内容知识是一种理解技术与内容相互关系的知识。在TPACK框架中，教师需要了解哪些具体的技术最适合用来讲解他们领域的学科知识，以及学科内容如何影响甚至改变了技术——反之亦然。

整合技术的教学法知识是指教与学当中如何使用技术以及特定技术的使用如何改变了教与学两个方面。其技术知识对教学法知识的作用，包括增强、限制和创新；教学法知识对技术知识的作用，包括选择、改进和创造。

学科教学知识包括能用最有效的类比、说明、范例、解释、证明等方式表征和阐释学科内容知识，以使人更易理解该学科内容；在不同年龄和背景的学生对学科知识的概念和预想不同的情况之下，能知道学生对该主题学习的难易点。

整合技术的学科教学知识是一种超越学科知识、教学法知识和技术知识的知识形式。它不是简单的三个核心元素的组合，而是教师的技术使用、教学方法以及学科知识理解三者之间动态的复杂关系。[9]

教师个人对信息化教学的情感信念、态度感知和实践应用对教师TPACK的发展起着关键作用。在教师个人方面，教师TPACK的发展主要可以通过如下策略实现：第一，培养教师的信息化教学情感，主要包括教师对信息化教学有较高评价；教师在进行教学准备时倾向于多考虑技术的应用；教师进入信息化教学配置较好的教学环境会感觉更好等。第二，提升教师对技术应用于教学的感知，主要包括教师认为信息技术能有助于教学、能使课堂内容更丰富；能更有效帮助学生建构知识，从而使学生收获更多；能对人才培养质量提升起到重要作用；多使用信息化手段教学更有助于教师教学能力的提升等。教师认为自己能够很容易使用信息技术教学、能很好地操作各类教学的信息技术系统等。第三，加强教师教学实践中的技术应用。主要包括教师的教学反思、网络学习、课余时间学习，等等。

1.1.2　教师专业发展的影响因素

从教师专业发展的内涵来看教师专业发展的影响因素，即受知识储备的影响较大。教师的知识概括地分为理论性知识和实践性知识两类。理论性知识属于显性知识，通常可以通过阅读或听讲等形式获得，它包括学科内容、学科教学法、教育学、心理学等原理类知识；实践性知识是教师在教育教学实践中实际使用和表现出来的知识，既包括显性知识，也包括隐性知识。北京大学陈向明教授把实践性知识分为六个维度，即教育信念、自我知识、人际知识、情境知识、策略性知识和批判反思知识。[10]

相较实践性知识，理论性知识对教师专业发展起到的正向影响作用远不及实践性知识对教师的专业发展影响大。因为，教师的理论性知识通常停留在教师的头脑里和口头上，是教师根据某些外在标准认为"应该如此的理论"。教师的实践性知识是教师内心真正信奉的、在日常工作中"实际使用的理论"，支配着教师的思想和行为，体现在教师的教育教学行动中。它通常为内隐状态，是基于教师的个人经验和个性特征的，是镶嵌在教师日常的教育教学情境和行动中的。

教师的实践性知识是教师专业发展的主要知识基础，对教师的教学行为具有决定性作用。反过来，课堂教学行为也会强化、巩固，甚至重构教师的实践性知识。

那么教师的实践性知识是如何影响教师的专业发展的？

根据王陆教授团队基于靠谱 COP 项目 10 个项目地区的 1166 名研修教师历时一年的实践性知识大数据，利用聚类分析法对教师群体所开展的研究，我们运用 K 均值聚类法对 3 类教师群体（优秀教师群体、低水平教师群体和全体教师群体）的 6 种实践性知识（教育信念、自我知识、人际知识、策略知识、情境知识和反思知识）进行两两对比的独立样本 t 检验。研究发现，优秀教师群体的 6 种实践性知识水平均值约为低水平教师群体的 3 倍、全体教师群体的 2 倍。同时，优秀教师群体的 6 种实践性知识水平差别不大，没有明显的知识短板；而低水平教师群体的 6 种实践性知识水平普遍较低。

为进一步发现优秀教师实践性知识的特质，我们还研究了优秀教师群体与全体教师群体和低水平教师群体在实践性知识成分上的显著差异特征。研究结果显示，在六种实践性知识中，优秀教师群体的策略知识、教育信念、自我知识占主要成分，其次是情境知识和反思知识。低水平教师群体占主要成分的是人际知识、情境知识、自我知识，其次是反思知识。

此外，我们还研究了三类教师群体在实践性知识焦点上的显著差异特征。所谓实践性知识焦点是指对蕴含了教师实践性知识的自我反思日志、教学设计与教学反思等文本进行可视化分析，得出的占有最高词频的重要词汇。一般在使用文本可视化分析工具时，文本中最重要的词汇都会出现在词云图的核心位置，且字号最大。研究表明，优秀教师群体的实践性知识焦点是"学生"，而低水平教师群体的实践性知识焦点是"教师"，全体教师群体的实践性知识焦点是"教学"。显然，优秀教师群体的实践性知识体现了以学生为中心的教学理念，如图 1-1 所示。

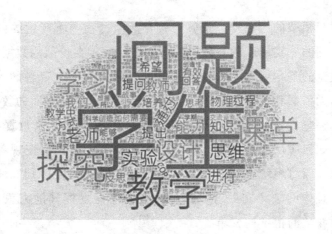

图 1-1　优秀教师群体的实践性知识词云图

1.2　教育大数据

当前，我们正处于一个大数据时代，数据已经从简单的处理对象开始转变为一种基础性资源。[11]李国杰院士等人指出：大数据已经成为与自然资源、人力资源一样重要的战略资源，是一个国家数字主权的体现；在大数据时代，国家层面的竞争力将部分体现为一个国家所拥有大数据的规模、活性以及对数据的解释与运用的能力。[12]

自从 2010 年大数据一词进入我国视野以来，如今我国对教育大数据的研究已经进入稳定发展阶段。[13]杨现民等人提出了教学范式 3.0，研究集中在利用数据驱动教学范式，即人工智能各技术帮助分析教学过程中教师的教学数据和学生的学习数据，以期帮助教学者、学习者和教学管理者全面了解教学各个环节的数据，以促进教学的整体优化与变革。[14]

1.2.1　教育大数据的内涵

我国学界认为：大数据是指无法在一定时间内用常规软件工具对其内容进行抓取、管理和处理的数据集合。[15]而教育大数据是大数据的一个子集，特指教育领域的大数据，是整个教育活动过程中所产生的以及根据教育需要采集到的一切用于教育发展并可创造巨大潜在价值的数据集合。[16]

根据教育的基本要素，教育大数据可以分为关于教育者的大数据、关于学习者的大数据和关于教育影响的大数据。对于这三方面的教育大数据，我们需要理解它们，包括通过恰当的处理以形成有意义的数据处理结果，还需要思考如何应用这些结果改变教学的具体行为。只有正视各个方面所暴露的问题，同时系统思考教育大数据的内涵及其相关区别和联系，如何将其转化为具体的教育实践等，教育大数据才能发挥其助力教育的作用，并促进教育教学的根本性变革。

就教师的专业发展而言，课堂教学行为大数据是反映教师行为的最直观的量化结果。所谓课堂教学行为大数据是指在课堂情境中，伴随教与学过程而产生的大规模、多样性、蕴含了丰富的教与学含义的非结构化与半结构化的特殊数据集合。目前课堂教学行为大数据具有典型的模式数据、关系数据、结构数据和行为数据四种类型，具体见表 1-1。

表 1-1　四种典型的课堂教学行为大数据

数据类型	数据意义
模式数据	反映教学模式要素及要素之间的关系
关系数据	反映课堂行动者之间的相互关系结构
结构数据	反映为完成一定的教学目标构成教学的诸因素在时间、空间方面所呈现的比较稳定的倾向与流程
行为数据	反映教与学行为主体的行为特征

课堂教学行为大数据分析，包括数据采集、数据存储、数据分析、数据表达和应用服务五个阶段，其过程与原理如图 1-2 所示。

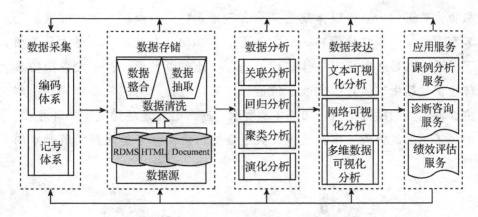

图 1-2　课堂教学行为大数据分析的过程与原理

就一节课的教学行为大数据分析，我们通常会采用编码体系分析方法和记号体系分析方法进行数据采集与数据分析。所谓编码体系分析是指针对课堂教学录像中师生的公共对话进行信息编码，以实现外化隐性知识，产生能用于分析教学过程新知识的一种课堂观察分析方法。记号体系分析是预先将一些需要观察并且有可能发生的行为列入一张事先编制好的记号体系观察表，观察者在每一种计划观察的事件或行为发生时做一个记号记录，并于观察后统计记号的数量即观察行为所发生的频次，再进行深入分析的一种观察分析方法。[17]

1.2.2　教育大数据的价值与应用领域

从哲学角度来看教育大数据，它只是教育中所有数据的汇聚，具有大数据的属性，具备客观性，它并不会因为主体的不同而呈现不同的价值标准。然而，它却可以因为数据应用主体的不同而改变事实衍变的结果，并通过这一结果改进实践，产生基于客观事实的实践，此间所产生的价值将难以估量。

依托哲学视域下的价值观，教育大数据的价值是价值的一种特殊表现形式，本质上是教育大数据客体与作为实践主体的人之间的交互产物。

9

教育大数据的价值得以体现是其能够满足人自由而全面发展的需求，是教育大数据的客体价值在人的主体上的客体化，涉及主体、客体及其相互关系，并最终聚合于主体的价值中。由此可以发现，教育大数据的具体价值包括由本体共生的表征价值、由交互过程产生的关联价值与由多方协同创生的决策价值，如图 1-3 所示。三者之间逐层递进，环环相扣，形成了不同的价值层次，是教育大数据的价值由初步显现到增值升华的过程。[18]

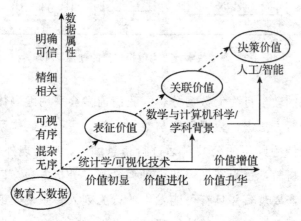

图 1-3　教育大数据的价值关系模型

从教育大数据价值增值的角度来看，最终明确可信的价值升华是决策价值，这不仅表明其对教师决策教学起支持作用，而且对学生诊断自我学习并据此进行自我学习、生涯规划具有指导意义。除此之外，针对学校管理人员，利用教育大数据的分析与诊断，可以直观、清晰地反映教育教学环境、资源等的问题与优势所在，为决策提供数据分析层面的支持。

在教育大数据的应用层面，现阶段主要集中在教育资源分配层面、面向学生服务层面及课堂教学层面。

教育资源分配层面主要由政府或学校牵头，依靠行政力量构建基于学校的大数据资源库，通过汇聚不同地区学校或校区教育资源、人口资源、财政投入资源等为教育行政部门的决策提供数据支撑与解释。例如，根据不同地区周围人口的出生量及学校与人口比，测量该数据在政府总体控制范围内学校各资源的调动范围内的位置，动态配备教师资源、资金设备资源等。这只是教育大数据在政府决策支持中的很小一部分，若要发挥教育大数据更大、更重要的作用，各部门需要协调联动，汇聚更为全面、完整的教育相关数据，进行系统、精确的分析与评估。

在面向学生服务层面，现阶段主要有两方面。一是支持自适应考试评测系统。自适应考试评测系统是在大量考试试题与试题所反映学习者能力相关分析的基础上，通过出示不同能力水平考试试题让学习者回答，并通过一系列联动算法，选择基于学习者能力的试题，通过验证测量来评估学习者现阶段的学习水平与能力。这种测量方式与传统考试试题有着巨大的差异，即通过不确定题目来确定学习者的能力，而不是通过"千人一面"的答卷来判断学习者的能力。因此，自适应考试更具备人才的能力筛选功能。现在应用最为成熟的是经企管理研究生入学考试（Graduate Management Admission Test，CMAT）。二是智能学习辅助系统。该系统是基于学生学习的知识图谱等数据，对所学知识进行知识图谱架构，在此基础上，通过案例与例题测量学生对知识点的掌握情况，自动识别学习者学习过程中的问题所在，并根据数据分析进行辅助教学。2017 年，来自成都高新区一科技公司的"数学高考机器人"就是利用这种原理进行基于大数据的学习并分析。其将来的应用领域并非只为答题，而是辅助学习者的学习。

在课堂教学层面，课堂教学的复杂性、数据的劣构性，往往导致很难汇聚课堂教学的大数据，但这并不意味着课堂教学大数据不能获取。以首都师范大学王陆教授为首的靠谱 COP 项目团队自 2000 年便致力于课堂教学行为大数据研究。基于课堂教学行为大数据的分析与传统课堂教学行为分析的方式与理论依据均不同。传统的针对课堂教学行为的研究，就是教师日常的听评课，基本是以经验为主。一些有经验的教师就好比老中医，用"望、闻、问、切"的方法对待课堂教学行为，依据其个人的教育信念、教育价值观和教育经验做出他们的评判与诊断。而用课堂教学行为大数据的方法对课堂教学行为展开研究，要经历数据采集、数据分析并要可视化地表达经过信息处理后所得出的数据影像，这就好比西医的 B 超扫描，甚至是 CT 和核磁共振等。当然，基于课堂教学行为大数据的分析与研究，是需要将定性研究和定量研究相结合的，是需要被观察和被诊断教师个人以及观察者和诊断者个人的教育经验的。其实，若想全面、科学地对课堂教学行为加以诊断，最好的办法就是"中西医"结合。

1.3　基于教育大数据的教师专业发展研究

教师专业发展的方向与质量不仅依靠教师的显性知识，更多地依靠教师在教育教学一线工作中所形成的实践性知识。这种实践性知识一方面指向课堂管理，另一方面指向自我专业发展。这两方面的实践性知识均为大量的教育教学工作中所积累的，如何采集和利用这些大数据，形成具有教师个性化的大数据支持服务体系，对教师的个人专业发展具有莫大的帮助作用。

《北京市丰台区"十三五"时期教育事业发展规划》指出："以改革创新为教育发展动力，围绕优质、均衡两大主题，不断深化教育集群改革，推进办学体制机制创新，建立并完善现代教育治理体系，提升现代教育治理能力"。因此，我们需要借助新型的教师专业发展模式，以新课程为导向，以促进每位学生的发展为宗旨，以课程实施过程中学校所面对的各种具体问题为对象开展教学研究，提升教师的专业能力和教育教学质量。

靠谱 COP 项目是指由中小学教师、大学专家及助学者所组成的一种正式学习与非正式学习相混合的学习环境，是一种基于课堂教学行为大数据促进教师实践性知识增长和专业能力发展的学习型组织，是一种将教师学习、研修、培训、资源建设等融合在一起的新型教师专业发展模式。靠谱

COP 项目通过聚焦教师的专业学习及同侪合作与反思性对话，分享教师的教学改进形式、价值观、工具和职责等，为教师专业发展提供社会的、规范的、资源密集型的、持续不断的学习支持服务。

因此，为促进教师的专业发展，结合项目实践，我们将基于教育大数据的教师专业发展模型的顶层设计分为四个层级：学科引导层、研修方法层、知识创新层和问题解决层。其中学科引导层为基础；研修方法层为工具；知识创新层为目的；问题解决层贯彻在研修的整个过程当中，是整个研修模型的核心，具体模型如图 1-4 所示。

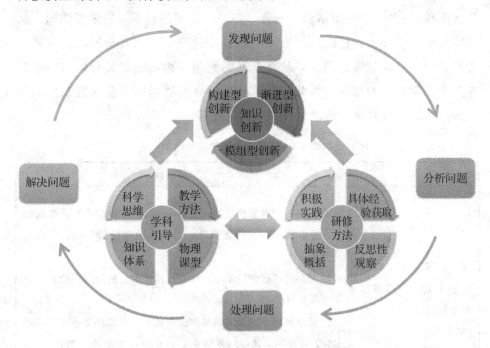

图 1-4　基于教育大数据的教师专业发展模型顶层设计

1.3.1　大数据时代教师专业发展的阶段与目标

教师的专业化程度是凭借实践取向的知识来加以保障的，而实践取向的知识是通过日常教育实践的创造与反思过程才得以形成的。在大数据时代，教师的专业发展面临着诸多机遇与挑战。繁杂的教育实践活动犹如飘在教师眼前的一片"浓雾"，只有经验丰富的教师才可以通过长期的实践活动与自我反思"拨开浓雾"，发现教育教学的规律。

以王陆教授为首的靠谱 COP 项目团队提出中小学教师需要掌握基于大数据的课堂观察方法与技术、教学反思方法与技术、抽象概括方法与技术，以支持开展基于教育大数据的信息化教育教学研究，促进课堂教学行为的改进，提升专业发展水平。

按照经验学习模式的四阶段(具体经验获取、反思性观察、抽象概括和积极实践)，教师会经历体验、内省、归纳和应用四种不同的学习体验，从具体经验获取开始，经过反思发现问题、经过理论总结分析问题，到通过有目的的实践活动解决问题，最终以新的经验结束，随即又开始新一轮的专业学习与发展的循环。为此，教师基于教育大数据的专业发展需要经历三年，具体发展阶段与阶段目标如表 1-2 所示。

表 1-2　发展阶段与阶段目标

发展阶段	阶段目标
第一阶段：发现问题与分析问题——感知经验与领悟经验 （第一年）	1. 以真实的课堂情境为中心，学会 3～5 种常用的课堂观察方法与技术，能对课堂教学行为大数据进行采样、分析与诊断 2. 在熟悉的教学情境中，以自己同侪的经验及其经验差异为学习资源 3. 能够运用多种课堂观察方法与技术对常态课堂进行系统观察，并能抽取其中的具体经验；在获得直接经验的基础上，能够发现存在的问题并提出解决方案，促进其实践性知识的提升

发展阶段	阶段目标
第二阶段：处理问题与解决问题——反思经验与行动实验（第二年）	1. 掌握 4 种反思的方法与技术，能够开展个人反思与集体反思，内化直接经验 2. 能够运用 2 种反思方法与 2 种技术对自己的教学或同侪的教学进行深入反思，分析教学中存在的问题而获得间接经验，初步形成教学改进的方案 3. 能够对教学活动及其背后的观念、假设进行持之以恒的思考，能够从多角度、多侧面分析并评价自己和他人的教学活动及其背后的观念、假设，并做出合理的判断、选择，获得间接经验，修正完善教学改进的方案 4. 能够借助工具剖析课堂教学中的关键事件，通过与同侪的平等对话，实现实践性知识的构建，突破个人思维与视角的瓶颈，寻找新的更优的解决方案 5. 能够开展有效的行动研究实验，改进自己的教学行为，外化间接经验
第三阶段：角色转换与面向问题——形成个体性经验与关联性经验（第三年）	1. 能够借助知识表征工具对自己的实践性知识进行显性化表征，能够明确、清晰地知道自己已经掌握了什么，思考了什么和期望解决什么，转换直接经验 2. 能够将自己的经验与参与研修教师群体的经验进行关联，初步建立自己的有关教与学的中层理论框架及要素 3. 能够以助学者的身份帮助其他教师，如新加入研修的教师，通过具体经验抽取等方法与技术发现问题、诊断问题，并协助其他教师处理与解决问题 4. 能够在具体经验—反思观察—抽象概括—积极实践的循环中，实现更高级别的循环往复的辩证发展

通过跟踪参与靠谱 COP 项目的教育大数据发现，靠谱 COP 项目对于提升教师的实践性知识，改进教师的课堂教学行为有很大的促进作用。

1.3.2　大数据时代教师专业发展的新路径

传统的教师成长行为路径从教师专业学习或进修出发，旨在提升教师的知识与信念水平，期盼借此改变教师的教学实践，最后实现学生学习的优化，故被称为信念先于实践的教师成长行为路径。

很长时间以来，传统的教师成长行为路径在指导教师专业发展实践中起到了重要且主导的作用。但是古斯基（Guskey）率先对此提出了质疑。在古斯基看来，教师的信念形成是非常困难的，而且信念也不是通过教师的专业学习就可以轻而易举地建构或改变的。于是，古斯基于 1986 年提出了实践先于信念的教师成长行为路径。其核心要义是，只有在教师能够首先肯定自己的新教学法的有效性之后，才会逐渐将其内化为自己的教育教学信念。

古斯基所提出的教师成长行为路径，引起了很多学者的重视。[19] 其中，约翰逊（Johnson）与欧文（Owen）将古斯基提出的实践先于信念的教师成长行为路径予以细化，提出信念—实践循环成长行为路径。该路径包括五个阶段，依序是肯定、改进、反思、创新和再造，并使教师的反思与实践处于不断的循环中。

虽然上述三种教师成长行为路径存在着明显的差异，但是它们都有一个共同的特征，即它们都是线性模型。而克拉克·D.（Clarke D.）和霍林斯沃思·H.（Hollings-Worth H.）提出了一个由四个面向（domains）及连接各个面向间的反思（reflection）和付诸行动（enactment）两种中介机制（mediating mechanisms）组合而成的非线性教师成长行为路径，即教师专业成长互联行为路径，如图 1-5 所示。[20]

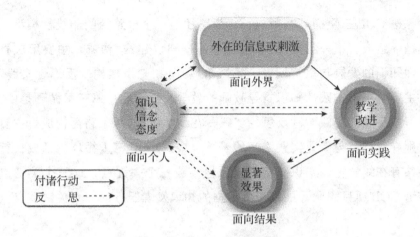

图 1-5   教师专业成长互联行为路径

　　该成长行为路径被命名为专业成长互联模型（Interconnected Model of Professional Growth，IMPG），其特点是教师按照这样的专业发展路径进行教学改进的同时，还能实现个性化专业发展的目标。这个成长路径打破了传统线性路径模型的简单路径方式，是一种非线性模型。

　　靠谱 COP 项目团队以库伯(Kolb)提出的经验学习模式为基础，在长期的实践研究中也形成了自己的教师成长行为路径，如图 1-6 所示。

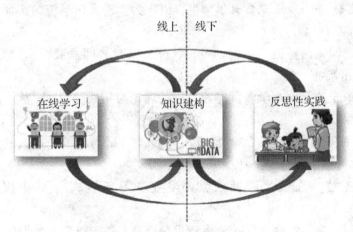

图 1-6   靠谱 COP 三重循环教师成长行为路径

靠谱 COP 三重循环教师成长行为路径是一个多路径的非线性模型，由三重循环组成。第一重循环由"在线学习—知识建构"构成，主要解决教师实践性知识的发展与培育问题；第二重循环由"知识建构—反思性实践"构成，主要解决用实践性知识指导教师的教学改进问题；第三重循环是由"在线学习—反思性实践"及"反思性实践—在线学习"的两条路径构成，主要解决教师专业学习与专业实践之间的矛盾。靠谱 COP 三重循环教师成长行为路径共有在线学习、知识建构和反思性实践三个关键点，这三个关键点也是靠谱 COP 项目团队开展基于大数据的知识发现服务的三个关键节点。

【本章参考文献】

[1]庞茗月，胡凡刚.从赋能教育向尊崇成长转变：教育大数据的伦理省思[J].电化教育研究，2019(7).

[2] Thushari Atapattu, Menasha Thilakaratne, & Rebecca Vivian, et al. Detecting Cognitive Engagement Using Word Embeddings within an Online Teacher Professional Development Community[J]. Computers & Education, 2019.

[3]高巍.Flanders 课堂教学师生言语行为互动分析系统的实证研究[J].教育科学，2009(4).

[4]叶澜，白益民，王枬，等.教师角色与教师发展新探[M].北京：教育科学出版社，2001.

[5]朱宁波.中小学教师专业发展的理论与实践[M].长春：吉林人民出版社，2002.

[6]刘万海.教师专业发展：内涵、问题与趋向[J].教育探索，2003(12).

[7]王陆.在线实践社区教师专业学习新模式[J].中国教育报，2015-15-13.

[8]胡水星.教师 TPACK 专业发展研究：基于教育大数据的视角[J].教育研究，2016(5).

［9］隋幸华．建构主义视域下教师 TPACK 发展策略［J］．课程教育研究，2018(46)．

［10］陈向明．实践性知识：教师专业发展的知识基础［J］．北京大学教育评论，2003(1)．

［11］孟小峰，慈祥．大数据管理：概念、技术与挑战［J］．计算机研究与发展，2013(1)．

［12］［15］李国杰，程学旗．大数据研究：未来科技及经济社会发展的重大战略领域——大数据的研究现状与科学思考［J］．中国科学院院刊，2012(6)．

［13］李振，周东岱，董晓晓，等．我国教育大数据的研究现状、问题与对策——基于 CNKI 学术期刊的内容分析［J］．现代远距离教育，2019(1)．

［14］涂涛，胡柯铭．一极两仪：教育大数据与厚数据关系辨析［J］．中国电化教育，2019(8)．

［16］杨现民，王榴卉，唐斯斯．教育大数据的应用模式与政策建议［J］．电化教育研究，2015(9)．

［17］王陆．教师在线实践社区 COP 的绩效评估方法与技术［J］．中国电化教育，2012(1)．

［18］刘桐，沈书生．从表征到决策：教育大数据的价值透视［J］．电化教育研究，2018(6)．

［19］ Guskey T. R. Staff Development and the Process of Teacher Change ［J］. Educational Researcher，1986(5)．

［20］ Clarke D. ，Hollingsworth H. Elaborating a Model of Teacher Professional Growth ［J］. Teaching and Teacher Education，2002(8)．

第2章 基于教育大数据的课堂观察方法与技术

　　课堂观察作为教育研究的一种重要的研究方法，是观察教学现象、发现教学规律、促进教师专业成长的重要组成部分，蕴含着丰富、有价值的研究要素。课堂观察作为目前教育界方兴未艾的校本教研形式，在校本教育研究中得到了广泛的应用。[1]课堂观察对于教师而言，是诠释、理解课堂事件背后蕴含的意义最直接的途径，对教师理解课堂、把握课堂具有较高的专业价值与必要性。[2]开展课堂观察研究，对于促进教师专业发展具有重要的意义。

2.1　案例剖析

　　在北京市丰台区靠谱 COP 项目的实施过程中，靠谱 COP 项目助学服务团队与物理教研员共同设计了"以数据为驱动"的课堂教学行为改进活动。靠谱 COP 项目助学服务团队与教研员共同对一位教师先后两次上的同一节课开展课堂观察，获取教师的课堂教学行为大数据，并结合全国常模数据进行分析，为教师教学行为的改进提供数据支持。

2.1.1　案例：数据驱动下的课堂教学改进

1. 案例背景

　　本案例以首都师范大学附属丽泽中学高中部温立新老师的课堂教学行为改进过程为例进行详细分析。2019 年 4 月 9 日，温立新老师对高一物理

《重力与万有引力》进行第一次授课。靠谱 COP 项目团队和物理教研员刘芳老师进行第一轮课堂观察与诊断分析，分别从课堂教学行为大数据和物理学科的角度发现本节课的课堂教学特色，为温立新老师明确后续课堂教学改进的方向。2019 年 4 月 11 日，温立新老师对教学设计调整优化后进行《重力与万有引力》的第二次授课。靠谱 COP 项目团队为温立新老师提供第二轮课堂观察与诊断分析，物理教研员陈磊老师做了基于学科的定性点评。双方就温立新老师两次授课的课堂教学行为大数据的变化展开研讨，对教师课堂教学实践行为的改进效果进行评估。

本案例中所使用的课堂观察方法有：编码体系分析方法(S-T 分析)和记号体系分析方法(包括教师有效性提问、教师回应、四何问题、对话深度等)。

两次课堂观察数据对比分析分为 S-T 维度的对比分析、有效性提问维度的对比分析、教师回应维度的对比分析、四何问题维度的对比分析和对话深度维度的对比分析五个方面。需要说明的是，数据比例之和不是100%，是由于按四舍五入法处理的。

2. S-T 维度的对比分析

根据课堂的教师行为占有率和师生行为转换率，可以将教学模式分为四种类型，分别是讲授型、混合型、练习型和对话型。两次授课的 S-T 维度的对比分析如图 2-1 和图 2-2 所示。

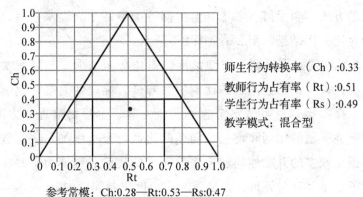

师生行为转换率（Ch）:0.33
教师行为占有率（Rt）:0.51
学生行为占有率（Rs）:0.49
教学模式：混合型

参考常模：Ch:0.28—Rt:0.53—Rs:0.47

图 2-1　第一次授课的教学模式分析

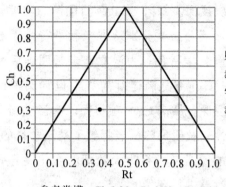

师生行为转换率:0.30

教师行为占有率:0.36

学生行为占有率:0.64

教学模式：混合型

参考常模：Ch:0.28—Rt:0.53—Rs:0.47

图 2-2　第二次授课的教学模式分析

图 2-1 和图 2-2 反映的 S-T 维度的对比分析表明：第一次授课中学生行为的占有率为 49.00％，第二次授课中学生行为的占有率为 64.00％，说明第二次授课中温立新老师能够给予学生越来越多的参与机会，学生活动比较丰富。同时，两次授课中师生行为转换率均高于全国常模数据，说明师生的交流互动较为充分。

3. 有效性提问维度的对比分析

有效性提问分析是对课堂中教师提出的问题和采用的提问策略进行记录与分析的一种聚焦式课堂观察方法。通常从提出问题的类型、教师挑选回答问题的方式、学生回答方式和学生回答类型四个方面来观察。两次授课的数据对比分析结果如图 2-3 至图 2-6 所示。

图 2-3 反映的提出问题的类型维度的对比分析表明：与第一次授课相比，第二次授课中记忆性问题的比例明显降低，推理性问题的比例增加且高于全国常模数据，说明温立新老师更加注重学生逻辑推理能力的培养。此外，创造性问题的比例和批判性问题的比例均有所增加，说明教师能够在课堂中提出较多的开放性问题来培养学生的高阶思维能力，并在课堂中适当增加了生生互动与评价，发展学生多角度思考问题的能力。

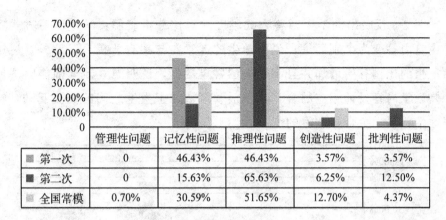

	管理性问题	记忆性问题	推理性问题	创造性问题	批判性问题
■ 第一次	0	46.43%	46.43%	3.57%	3.57%
■ 第二次	0	15.63%	65.63%	6.25%	12.50%
▨ 全国常模	0.70%	30.59%	51.65%	12.70%	4.37%

图 2-3　提出问题的类型维度的对比分析

图 2-4 反映出的教师挑选回答问题的方式维度的对比分析表明：第一次授课中，教师在课堂中较多地使用让学生齐答的方式；第二次授课中，教师更多地挑选叫举手者答的方式。挑选学生回答方式的调整有利于教师控制课堂的进程并甄别学生个体的学习状态，培养学生的表达能力并提高其学习自信心。此外，第二次授课中出现了鼓励学生提问的数据，表明温立新老师有意识地培养学生提出问题、解决问题的能力，尝试用学生的观点引领和发展课堂。

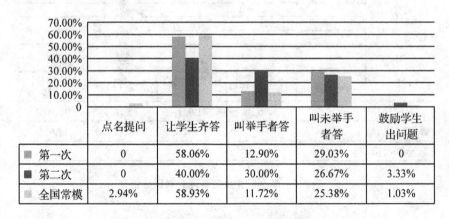

	点名提问	让学生齐答	叫举手者答	叫未举手者答	鼓励学生出问题
■ 第一次	0	58.06%	12.90%	29.03%	0
■ 第二次	0	40.00%	30.00%	26.67%	3.33%
▨ 全国常模	2.94%	58.93%	11.72%	25.38%	1.03%

图 2-4　教师挑选回答问题的方式维度的对比分析

图 2-5 反映出的学生回答方式维度的对比分析表明：学生回答方式主要由自由答变为个别回答，说明学生的课堂参与率有所提升。此外，讨论后汇报的比例有所增加并且高于全国常模数据，说明温立新老师能够根据课堂教学内容设计相应的合作学习活动，增加了生生之间的交流互动，较好地培养了学生合作学习的能力。

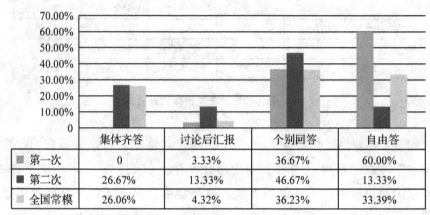

	集体齐答	讨论后汇报	个别回答	自由答
第一次	0	3.33%	36.67%	60.00%
第二次	26.67%	13.33%	46.67%	13.33%
全国常模	26.06%	4.32%	36.23%	33.39%

图 2-5　学生回答方式维度的对比分析

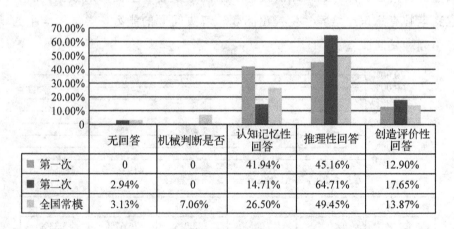

	无回答	机械判断是否	认知记忆性回答	推理性回答	创造评价性回答
第一次	0	0	41.94%	45.16%	12.90%
第二次	2.94%	0	14.71%	64.71%	17.65%
全国常模	3.13%	7.06%	26.50%	49.45%	13.87%

图 2-6　学生回答类型维度的对比分析

图 2-6 反映出的学生回答类型维度的对比分析表明：第一次授课中，学生回答类型以认知记忆性回答和推理性回答为主；第二次授课中，学生

回答类型以推理性回答和创造评价性回答为主，这与教师提出的问题类型相对应。教学改进之后，学生创造评价性回答的比例高于全国常模数据，说明课堂中问题的开放度较好，温立新老师能够为学生发表个性化的见解或观点提供条件。

4. 教师回应维度的对比分析

教师回应分析是对课堂中学生回答问题之后教师采取的回应方式和回应态度进行记录与分析的一种聚焦式课堂观察方法，可以反映出教师的情境知识、策略知识和人际知识。本维度两次授课的数据对比分析结果如图2-7、图 2-8 所示。

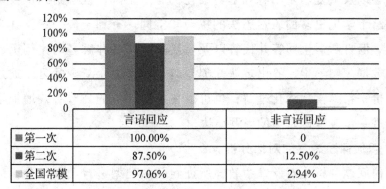

	言语回应	非言语回应
■第一次	100.00%	0
■第二次	87.50%	12.50%
全国常模	97.06%	2.94%

图 2-7　教师回应方式维度的对比分析

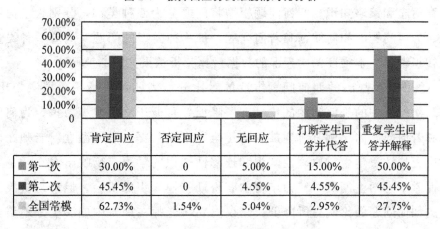

	肯定回应	否定回应	无回应	打断学生回答并代答	重复学生回答并解释
■第一次	30.00%	0	5.00%	15.00%	50.00%
■第二次	45.45%	0	4.55%	4.55%	45.45%
全国常模	62.73%	1.54%	5.04%	2.95%	27.75%

图 2-8　教师回应态度维度的对比分析

图 2-7 反映出的教师回应方式维度的对比分析表明：第一次授课中教师的回应方式全部为言语回应；第二次授课中出现了非言语回应并且其比例高于全国常模数据。实践表明，温立新老师采用非言语回应后，在课堂中更能促进师生之间的情感交流，有利于建立和谐、融洽的师生关系，提高学生的课堂参与率。

图 2-8 反映出教师回应态度维度的对比分析表明：第二次授课中教师的肯定回应的比例有所增加，说明温立新老师能够通过及时肯定的回应方式来增强学生回答问题的自信心，使得更多的学生敢于表达。打断学生回答并代答以及重复学生回答并解释的比例有所下降，说明第二次授课中教师能够给予学生更多的表达想法的机会和空间，有利于进一步发挥学生的主体性。但打断学生回答并代答以及重复学生回答并解释的比例仍高于全国常模数据。当学生回答出现认知偏差时，建议温立新老师可以通过增加生生评价来帮助学生深化理解；也可以在生生评价的环节有效增加批判性问题，进一步改善课堂中的问题结构。

5. 四何问题维度的对比分析

四何问题分析是对课堂中教师所提问题的类型进行记录与分析的一种聚焦式课堂观察方法，可以反映出教师的问题设计能力，主要体现教师的教育信念和策略知识。四何问题模型将问题分为四种类型，分别为是何问题、为何问题、如何问题和若何问题，每一种类型的问题对应着一种类型的知识学习。本维度两次授课的数据对比分析结果如图 2-9 所示。

图 2-9 反映出的四何问题维度的对比分析表明：与第一次授课相比，第二次授课中的是何问题的比例有所降低并且低于全国常模数据，为何问题和若何问题的比例有所增加且高于全国常模数据，说明温立新老师在课堂中更加注重学生对原理性知识和迁移性知识的学习，反映出温立新老师在课堂中为学生创设了较为丰富的获得迁移性知识的机会。但第二次授课中的如何问题的比例有所降低，建议温立新老师在课堂中能够更好地培养学生使用方法策略等相关技能。

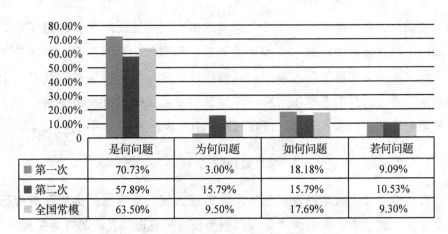

	是何问题	为何问题	如何问题	若何问题
■ 第一次	70.73%	3.00%	18.18%	9.09%
■ 第二次	57.89%	15.79%	15.79%	10.53%
▨ 全国常模	63.50%	9.50%	17.69%	9.30%

图 2-9　四何问题维度的对比分析

6. 对话深度维度的对比分析

对话深度分析是对课堂中师生对话的深度进行记录与分析的一种聚焦式课堂观察方法，反映的是教师提出问题的难度与学生认知程度的匹配度，关注的是教师所提问题之间的逻辑关系和师生之间互动交流的深度。本维度两次授课的数据对比分析结果如图 2-10 所示。

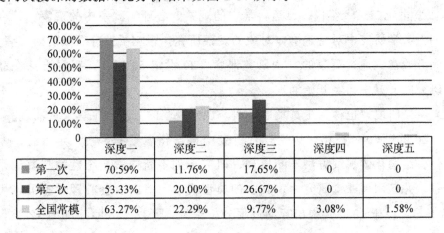

	深度一	深度二	深度三	深度四	深度五
■ 第一次	70.59%	11.76%	17.65%	0	0
■ 第二次	53.33%	20.00%	26.67%	0	0
▨ 全国常模	63.27%	22.29%	9.77%	3.08%	1.58%

图 2-10　对话深度维度的对比分析

图 2-10 反映出的对话深度维度的对比分析表明：经过教学改进，深度

一的对话比例有所降低，深度二、深度三的比例均有所增加，说明在第二次授课中温立新老师有意识地增加了一些由易到难、不同梯度的问题链来加深学生对某个问题的深入理解。但两次授课中均未出现深度四及其以上的对话，建议温立新老师在后续的课堂教学中可以通过进一步追问的方式更好地促进学生的深入思考，提升对课堂中生成性资源的利用。

2.1.2　我们需要什么样的课堂观察

自从有了课堂教学以来，观察课堂的行为就一直存在。课堂是教育行为最常发生的地方，有效的课堂观察能为教育研究提供真实的第一手资料，并成为课堂教学改进的有效起点。但是，作为一种科学研究方法的课堂观察至今仍然是一项被遗漏的教师专业能力[3]。

课堂观察源于西方的科学主义思潮。在西方，课堂观察被运用到教育研究中，大致经历了三个阶段。[4]

第一阶段，也称为探索阶段。课堂观察作为一种方法被引入教育研究领域。

20 世纪二三十年代，自然科学中的观察、心理实验室中的观察、社会学和人类学研究中对特定群体对象的观察研究，影响了教育领域的研究者。他们开始尝试通过观察的方法研究课堂。20 世纪 50 年代，观察方法在教育研究的文献中已经开始涌现。

第二阶段，也称为工具发展阶段。课堂观察的方法和工具大量涌现。

20 世纪 50—70 年代，受教育研究中科学化思潮的影响，定量化、系统化、结构化的观察方法不断出现，研究者们不断探索系统性的观察记录体系，并运用到课堂研究中。其中的典型代表为美国社会心理学家贝尔思（Bales）。他于 1950 年提出互动过程分析理论，开发了人际互动的 12 类行为编码，并以此为课堂中小组讨论的人际互动过程的研究框架。在某种程度上，贝尔思的研究拉开了比较系统的课堂量化研究的序幕。美国课堂研究专家弗兰德斯于 20 世纪 60 年代提出了互动分析系统，即运用一套编码系统，记录课堂中的师生语言互动，分析、改进教学行为，标志着现代意义的课堂观察的开始。根据学者霍普金斯（Hopkins）在 1993 年所做的文献回顾，在这一时期的大约 200 个有代表性的系统观察量表中，大多数来自美国。可见，系统化、工具化的课堂观察量表在美国被大量开发，课堂观察的专业性和技术性得到很大发展。

第三阶段，也称为拓展研究阶段。课堂观察方法和技术围绕有效教学的探讨深入发展。

自 20 世纪 70 年代中后期以来，课堂观察被大量应用到课堂教学研究中。随着科学研究方法，尤其是教育科学研究方法的不断完善，编码表、项目清单等科学、量化研究工具的引入，录音机、录像机等媒体技术的发展，丰富了课堂观察手段与技术，使课堂观察更具可操作性。但是，量化的课堂观察在加深对课堂教学的描述和认识的同时，也无法掩饰其纯技术的缺陷。人们对于量化工具的"科学性"也开始质疑，一些基于解释主义和自然主义的定性观察方法重新被引起重视，课堂观察中结合定量与定性方法研究教学的有效性成为主流。从 20 世纪 70 年代开始，人种志研究等质性研究方法开始走入课堂观察。完整的文字描述呈现了课堂全貌，使原本被剥离出来的课堂事件、课堂行为回归情境本身，从而使研究者利用个人经验能够更好地理解、诠释课堂。如有的国外学者综述了 20 世纪 70 年代以前的研究者在使用课堂观察时的有效教学的 9 种特征。还有国外学者在此基础上，结合现代媒体技术的发展（录音、录像技术的普及等），发展出针对有效教学特征的 21 种定量与定性相结合的课堂观察技巧。英国学者瑞格（Wragg）在 1999 年出版的《课堂观察简介》中指出课堂观察技术具有很强的主观选择性，并从定量观察和定性观察两大维度对课堂观察方法做了系统梳理，反思了每一类方法的优劣所在。

以上三个阶段的划分并非泾渭分明。比如，在工具发展阶段，很多研究者在使用定性的参与观察。这种划分不过是说明课堂观察方法在不同的阶段体现出的主流发展趋势。课堂观察在西方沿着科学化的轨道，从单一走向多元，从定性到定量，再到定量与定性相结合，不断地深入发展。同时观察方法的理论也不断深入实践，成为研究者和教师有意识且经常使用的重要研究方法。

在我国，并非没有课堂观察方法的研究和应用，只是多被作为其他研究方法的辅助手段，尚未引起足够重视。教师对课堂观察方法使用的自觉程度较低，经验性成分较重，缺乏必要的课堂观察方法和框架的指导。课堂观察技术自 1995 年引入我国以来，经历了从研究者视野的理论探讨到课堂教学实践中的应用，再到作为教师专业能力提升的工具几个阶段，其实践角度的工具价值已逐渐被一线教师认可。课堂观察正逐步进入中小学的课堂教学研究活动，成为提升教师专业能力的一条有效途径。[5]

依据不同的分类标准，课堂观察方法可以划分为不同的类别，比较常见的对课堂观察方法的分类如表 2-1 所示。

表 2-1　课堂观察方法的分类

分类名称	分类依据	方法简介
自然观察	对观察的情境和对象是否进行严格控制	在自然的课堂情境中不对观察对象进行任何控制的课堂观察方法
实验观察		设计具有特殊要求的课堂情境并严格控制观察的课堂观察方法
直接观察	观察者是否借用观察设备	观察者亲临现场，凭借自己的眼睛、耳朵等感觉器官直接感知的课堂观察方法
间接观察		观察者借助录音、录像等设备或专用教室等专用环境进行观察的课堂观察方法
参与观察	观察者是否参与观察对象的活动	观察者参与观察对象组织的各种课堂活动，通过与观察对象的多向互动，深入了解观察对象的行为模式与文化特征的课堂观察方法
非参与观察		观察者不介入观察对象的活动，只作为旁观者置身于课堂情境之外进行观察的课堂观察方法

续表

分类名称	分类依据	方法简介
开放式观察	观察情境的范围及观察系统化的程度	观察者持开放心态，尽可能开放地、真实地记录课堂情况，不做主观判断的课堂观察方法
聚焦式观察		观察者确定观察焦点，即某个具体问题，并针对这个焦点问题进行观察的课堂观察方法
结构观察		观察者采用记号或符号对要观察的事件进行统计性观察与记录的课堂观察方法
系统观察		观察者利用编码量表等系统观察分析工具对课堂进行观察的课堂观察方法
定量观察	收集课堂资料的特征及属性	观察者以结构化方式收集资料，并且以数字化方式呈现资料的课堂观察方法
定性观察		观察者以质化的方法收集资料，并且以非数字化方式呈现资料的课堂观察方法

　　现阶段的课堂观察日益从"感性描述"走向"理性实践"。从课堂观察者的角度来看，课堂观察已经突破了传统的个体行为，转向听课教师、授课教师在"自愿互利、资源共享"基础上建立的"观察合作体"。从课堂观察内容的角度来看，课堂观察已经从"描述课堂表象"到"分析关系缘由"转变。本章案例中针对数据的分析是通过表象数据与专业分析相结合，找到数据证据链来分析课堂教学中的问题与优势的。从课堂观察工具的角度来看，课堂观察逐渐由"公共听课量表"向"自主选择、开发观察工具"转变。本章的案例中所得到的数据对比分析实质就是根据利用国内外研究课堂观察的先进经验而设计开发的智能评价分析工具进行的。从课堂观察结果的角度来看，课堂观察正从"监督评级"向"共同发展"转变。正如本章的案例中通过对数据的解读来发现课堂教学过程中的问题与优势，通过分析来提升课堂教学效率，促进学生高质、高效的学习。这样才能真正消除听课教师与

授课教师的隔阂，消除二者之间的对立矛盾，增强教师间的信任感；通过对话、倾听、讨论的方式形成开放的、民主的、合作的教师文化，使教师在合作氛围中进行自我反思，开展专业对话，促进自身的专业发展。

2.1.3 课堂观察的基本步骤

无论哪种类别的课堂观察，在具体运用的过程中都有观察前、观察中和观察后三个基本阶段。每个阶段又包括一些具体步骤。

1. 课堂观察前——确定观察的目的和规划

课堂观察前，观察者必须明确观察的目的，根据观察目的确定观察的中心或焦点，即需要记录的时间和行为，然后选择或设计观察记录的方式或工具，并且依据记录方式的要求及准则进行分工与培训。特别是在需要多个观察者进行观察的情况下，观察者之间保持较高的一致性，更需要事先培训。在课堂观察前，确定目的并做好以上各方面的规划极为重要。准备越充分，观察者就越能从课堂情境中收集到更多有用的、详尽的资料。

在本章案例中，靠谱 COP 项目团队对温立新老师两次授课所确定的基于编码体系分析工具和记号体系分析工具的数据采集便是课堂观察前的准备阶段。靠谱 COP 项目团队成员通过合作分工，可以系统地采集课堂教学过程中师生行为数据，以供研究者和教师分析、评价。

2. 课堂观察中——进入课堂及观察记录

课堂观察的实施过程包括进入课堂情境以及在课堂情境中依照事先选定的记录方法进行观察和记录。观察者要在上课开始前进入现场，并选择有利的观察位置。通常情况下，要按观察任务来确定观察位置，以确保能收集到真实的信息，但是要注意观察者位置的选择以不分散学生的注意力和不干扰教师正常的课堂走动为宜。通常需要记录行为发生的时间、出现频率、师生言语或非言语活动的内容和形式，或者详尽的关于观察对象其他行为的文字描述以及观察者的现场感受和理解。课堂观察的科学性、可靠性关系到研究的信度和效度问题，以及针对教学行为改进的课堂观察报告的质量。

在本章的案例中，靠谱 COP 项目团队根据课堂观察前的分工安排，对课堂教学过程中师生的言语行为和非言语行为进行观察分析，并根据各维度的判别标准进行频次、内容等形式的记录，最终得到图 2-1 至图 2-10 所示的不同维度课堂教学行为比较分析图。

3. 课堂观察后——资料分析与解释

课堂观察结束后，观察者应尽快对所收集的资料进行整理和分析，通过对所记录的课堂事实进行统计分析，揭示课堂行为之间的相互关系，了解观察行为的意义。需要明确的是，课堂观察的最终目的不只是写出研究报告或待发表的论文，也不只是证明、填补或建构某种理论，更重要的是促进教学、改善实践。因此观察者需要将课堂观察的结果及时反馈给被观察教师，以促进其改善教学。以教学改进为指向的课堂观察结束后，通常要召开课后反思会，一般分为授课教师自我反思、分析观察结果、思考和对话、提出改进建议等环节。课后反思会旨在使观察者和被观察者之间进行有效的专业探讨，通过多视角、多方位地寻找有效教学改进的策略，促进教师的专业发展。

在本章案例中，温立新老师在第一次授课结束后，与物理教研员刘芳老师及靠谱 COP 项目助学团队进行基于课堂教学行为数据的质化与量化分析，通过课堂观察后的分析发现在第一次授课过程中的问题，并找出解决方案，通过调整问题设计与课堂教学行为来改进课堂教学质量、促进学生高质高效的学习。以图 2-6 为例，通过对比分析发现，第一次授课中学生回答类型以认知记忆性回答和推理性回答为主；第二次授课中学生回答类型以推理性回答和创造评价性回答为主。调整之后，学生创造评价性回答的比例高于全国常模数据，说明课堂中问题的开放度较好，温立新老师能够为学生发表个性化的见解或观点提供条件。

2.2　专业引领

课堂观察的专业品性在于为了改进课堂学习、追求内在价值，面向未来，在观察的整个过程中进行平等对话、思想碰撞，探讨课堂学习的专业问题。除此之外，由于课堂观察是教师参与的研究，也是教师专业发展重要且有效的途径之一，课堂观察可以促进教师由观察他人的课堂而反思自己的教育理念和教学行为，提升自己的教育教学能力。无论是观察者还是被观察者，无论是处在哪个发展阶段的教师，都可以根据自己的实际需要，有针对地进行课堂观察，从而获得实践性知识，改进自己教学的技能，提升自己的专业素养。有质量的课堂观察就是一种研究活动，它在教学实践和教学理论之间架起一座桥梁，为教师的专业发展提供了一条很好的途径。[6]

2.2.1 课堂教学行为数据的采集方法

1. 编码体系分析方法

编码体系分析方法通常是根据认知理论、教学理论以及专业课程等知识，针对课堂教学录像中师生的公共对话进行信息编码，以实现外化隐性知识，产生能用于分析教学过程的新知识的一种课堂观察分析方法。

编码体系的信息编码一般有两个基本目标：①描述课堂教学的质量，这通常与课程标准有直接关系；②有效地反映课堂教学的真实情况。因此，针对对话的信息编码包括两方面的任务：既要对教学的结构进行编码，又要对教学过程中发生的事件进行编码。

编码体系要求确定观察的具体项目，然后对准备观察的具体项目进行编码。编码体系通常采取时间取样法，观察在特定的时间内发生的特定行为，并以行为编码表示。

语言是教师和学生教与学的关键工具之一，其对教育的影响是有目共睹的。例如，有研究文献表明，实施数学教学改革必须把很大的注意力放在改变课堂教学的语言上。[7]

课堂教学是在课堂的情境下，以教师、学生为对话的主体，以言语为主要的交流方式，以人的自由自觉发展为终极取向的教育活动。[8]课堂教学行为的分析与研究可以通过对课堂中公共对话的深入研究，来发现和揭示师生在课堂教学过程中教与学的规律，提高教师的课堂教学能力和教学效率，增强教师课堂教学的目的性和自觉性，促进教师实践行为的改进，并最终实现学生学业成绩的提高与全面发展。关注课堂教学中教师和学生的对话，将极大地丰富和发展对教学过程的分析研究。课堂中的对话一般可分为公共对话和私人对话两种。公共对话是指教室内每个人都能听到的对话，而私人对话则仅涉及教师和个别学生的对话。编码体系分析方法中，主要关注的是公共对话。

S-T 分析方法是一种典型的编码体系分析方法，简单有效，易学易用，而且很具有代表性。其中 S 是 student 的首字母，T 是 teacher 的首字母，S-T 分析方法也就是学生—教师分析方法。它是由日本学者首先提出的，后被许多国家的研究者采纳并用以进行研究。

S-T 分析方法将教学中的行为仅分为教师行为和学生行为两类，并将教师视觉的、听觉的信息传递行为定义为 T 行为，将除此之外的所有行为都定义为 S 行为。

在一般的教学过程中，T 行为主要有：教师的讲话行为（听觉的）、教师的板书行为（视觉的）、演示多媒体教材或实验步骤行为（视觉的）等。这些行为具体表现为：解说、示范、利用多媒体进行展示、提问与点名、评价与反馈等。

S 行为包括 T 行为以外的所有行为：学生的发言，学生的思考，学生的计算，学生记笔记，学生做实验或完成作业，课堂中的沉默与混乱等。

通过对教学过程的实际观察和观看课堂教学过程的录像资料，我们以一定的时间间隔对观察内容进行采样，并根据样本点的行为类别，以相应的符号 S 或 T 计入规定的表格，由此构成了 S-T 时序数据，简称 S-T 数据。

如果我们以手工的方式制作 S-T 数据，可将观察的结果填入图 2-11 的 S-T 数据记录卡片。

S-T数据记录卡片 No:

学校	X中学
教师	A教师
时间	2002年2月4日 星期一
学科	数学（八年级）
教学	菱形的定义与性质
采样间隔	15 秒

	0	1	2	3	4	5	6	7	8	9
0	T	T	T	T	T	T	T	T	T	T
1	T	T	T	T	S	T	S	S	S	S
2	T	T	S	T	T	T	S	T	T	T
3	T	T	T	S	S	S	T	S	S	T
4	T	T	T	T						
5										

备注：案例的总长度为11分钟，共有44个数据。

图 2-11　S-T 数据记录卡片

2. 记号体系分析方法

一般来说，记号体系都有严格的教育研究背景和理论支撑，因此我们要根据不同的研究问题来确定使用不同的记号体系分析方法与技术。到目前为止，国内外教育研究者已经开发了大量的记号体系观察表。其逻辑上的严密性和科学性都经过了实践检验，可供课堂观察者直接使用。下面我们就对本章案例中所涉及的 4 种常用的记号体系分析方法逐一进行介绍。

（1）问题类型分析方法

问题类型分析方法是对课堂中教师所提问题的类型进行记录的一种聚焦式课堂观察方法。

迄今为止，大多数教育家都认为问题解决是最有意义和最重要的学习与思维活动，几乎所有的教学活动都与各种形式的问题相关。在创新教育与课程改革的背景下，教师更需要具有教学的问题敏感意识。问题类型的解释及举例如表 2-2 所示。[9]

表 2-2　问题类型的解释及举例

问题类型	解释	举例
是何问题	指向事实性问题，如定义性问题等；该类问题的解决意味着学习者事实性知识的获取	苹果树是什么种类的植物？它的外形是什么样的？
为何问题	指向原理、法则、逻辑等问题，如推理性问题等；该类问题的解决意味着原理性知识的获取	为什么苹果成熟后会从树上掉在地面上？
如何问题	指向表示方法、途径与状态的问题，如技能与流程性问题等；该类问题的解决意味着策略性知识的获取	怎样才能知道一个苹果的重量？
若何问题	指向条件发生变化、可能产生新结果的问题，如假设性问题等；该类问题的解决意味着创造性知识的获取	假如在没有大秤或起重机而只有船和石头的情况下，怎样才能知道一头大象的重量呢？

（2）课堂有效性提问分析方法

提问是教师在教学中经常使用的方式，是实现师生互动的重要手段，是师生交往、互动和对话的重要外显形式。但有些教师并没有自觉地意识到自己在课堂中的提问可能陷入了一种固定的程序。教师在课堂中的提问有时可能仅仅是为了调控和管理课堂。比如，当发现课堂气氛有些乱、有些学生走神时，有些教师会选择通过提问来吸引学生的注意力。然而这时教师所问的问题大多是一些简单的事实性问题，不足以激发学生思考的兴趣，对促进学生的有效学习并没有多大帮助。如何提问，可以从一个侧面反映教师的教学观念、教学技能、教学智慧。因此，教师需要对提问的类型（教师所提的问题是否都是同一类型，是否符合教学目标，是否符合教学对象等）；提问发生的情境（提问是在什么情况下发生的，是在激烈讨论的过程中，还是在昏昏欲睡的气氛中，还是在沉思的情况下等）；提问的语言、提问对后来的学习的影响以及其他相关问题等进行观察和思考，以提高提问的有效性。研究课堂提问行为对更新教师的教学观念，提高教师的教学技能和教学智慧具有重要的现实意义。

几年前，顾泠沅教授在对一节几何课的观察与研究中，运用课堂提问的方法进行了深入分析。这节课一共出现了 105 个问题，如此高密度的提问连授课的教师自己都不敢相信。表 2-3 反映的就是这节课中提问行为的具体观察数据。

表 2-3　课堂有效性提问的频次统计示例

行为类别		频次	比例（%）
提出问题的类型	管理性问题	3	2.9
	记忆性问题	78	74.3
	推理性问题	22	21.0
	创造性问题	2	1.9
	批判性问题	0	0
教师挑选回答问题的方式	点名提问	0	0
	让学生齐答	44	41.9
	叫举手者答	57	54.3
	叫未举手者答	1	1.0
	鼓励学生提出问题	3	2.9
学生回答类型	无回答	2	1.9
	机械判断是否	39	37.1
	认知记忆性回答	45	42.9
	推理性回答	18	17.1
	创造评价性回答	1	1.0

(3)课堂对话方式分析方法

课堂对话方式分析方法是对课堂中师生基于问题的对话方式进行记录与分析的一种聚焦式课堂观察方法。这种数据采集方法不关注师生对话的内容，只关心对话的方式，包括教师挑选回答问题的方式、学生回答方式和教师回应方式三个维度。其中，教师挑选回答问题的方式包括五个观察维度，即点名提问、让学生齐答、叫举手者答、叫未举手者答、鼓励学生提出问题；学生回答方式包括集体齐答、讨论后汇报、个别回答、自由答；教师回应方式包括言语回应、非言语定回应。表 2-4 是课堂对话方式的数据采集记录表示例。

表 2-4　课堂对话方式的数据采集记录表示例

观察维度		频次	比例(%)
教师挑选回答问题的方式	点名提问		
	让学生齐答		
	叫举手者答		
	叫未举手者答		
	鼓励学生提出问题		
学生回答方式	集体齐答		
	讨论后汇报		
	个别回答		
	自由答		
教师回应方式	言语回应		
	非言语回应		

(4)师生对话深度采集方法

对话是师生间交流思想的重要方式，高质量的对话是有效学习不可或缺的因素。对话作为课程改革的核心理念之一，正在深刻影响与改变着教师的教学行为和学生的学习方式。师生对话最重要的方式是语言交流，双方表达得是否贴切、准确，直接影响课堂的效果。通过有效对话，学生可以在轻松愉快的氛围中有效地获取知识。

然而有些教师并没有意识到课堂对话深度的问题，尤其在较低学段的课堂中。教师提出问题后，选择学生进行回答，教师给予回应后很少进行进一步的追问。而恰当的追问可以有效地激活学生的思维，拓展学生的想象空间。师生对话的缺失在很大程度上限制了学生的思考空间，抑制了学生的思维活动，将教学引向枯燥的机械记忆。

课堂中的师生对话深度可以用级数来表示：一级深度（深度一）是指教师与学生之间的一问一答，二级深度（深度二）是教师与学生之间的两问两答，以此类推。对话深度采集统计如表 2-5 所示。

表 2-5　对话深度采集统计

对话深度	频次	比例(%)
深度一		
深度二		
深度三		
深度四		
深度五		

2.2.2　课堂教学行为数据的分析

1. 问题类型分析

教师在进行教学设计时，会围绕所讲的知识点设计不同的问题，引发学生的思考。然而有些教师往往是根据自己的经验进行问题设计，并没有考虑自己所涉及的问题是否合理，是否符合所讲课型。事实上，课堂中的问题设计大有学问。教学问题的设计能够为学习者预先构置聚焦教学思考的框架，使教学进程朝预先设计的方向发展，促进学习者思维技能的持续发展。[10]

以本章的案例中温立新老师第一次授课中问题类型数据为例，是何问题所占比例为 70.73％，为何问题所占比例为 3.00％，如何问题所占比例为 18.18％，若何问题所占比例为 9.09％。通过数据对比可以看出，本节课中温立新老师提出的绝大多数问题为指向事实性内容的问题。这类问题主要涉及事实性知识的回忆与再现，或者是通过说明、解说、转述来阐明某种事实性意义；而那些指向目的、理由、原理、法则、定律和逻辑推理的问题所占比例最少。作为一节物理课中探究"万有引力与重力"的课，显然在问题类型的设置方面出现了问题，因此利用分析统计数据可以看出问题结构方面的不合理，以便帮助教师改进教学设计。

1. 课堂有效性提问分析

在本章的案例中，靠谱 COP 项目团队对温立新老师的两次授课进行 4 个方面的对比分析，分别是提出问题的类型、教师挑选回答问题的方式、学生回答方式和学生回答类型，具体数据对比图如图 2-3 至图 2-6 所示。

在第一次授课过程中，教师提出问题的类型以记忆性问题（46.43％）和推理性问题（46.43％）为主，极少有创造性问题、批判性问题。同时学生回答类型以推理性回答（45.16％）为主，认知记忆性回答（41.94％）次之。从上述数据中可以看出，教师将需要研究的问题分解为较低认知水平的"结构性回答"，比较强调认知的识记与理解目标，强调知识的覆盖面。这种问答的组织化程度高，有利于扫除教学障碍，但教师忽略了综合与评价的认知目标，不利于培养学生的高阶认知水平。因此，在第二次授课过程中，教师调整了问题结构，大幅提升了推理性问题的比例（65.63％）与批判性问题的比例（12.50％）。与之相对应的学生回答类型中，推理性回答的比例也高达 64.71％，创造评价性回答的比例也上升到 17.65％。这说明教师能够在课堂中提出较多的开放性问题来发展学生的高阶思维能力，并在课堂中适当增加了生生互动与评价，以发展学生多角度思考问题的能力。

在教师挑选回答问题的方式中，教师喜欢让学生齐答（第一次比例是 58.06％，第二次比例是 40.00％）；第二次授课中，教师更多地挑选叫举手者答的方式。挑选学生回答方式的调整有利于教师控制课堂的进程并甄别学生个体的学习状态，培养学生的表达能力并提高其学习自信心。此外，第二次授课中出现了鼓励学生提问的数据，表明温立新老师有意识地培养学生提出问题、解决问题的能力，尝试用学生的观点引领和发展课堂。与之相对应的学生回答方式主要由自由答（第一次比例是 60.00%，第二次比例是 13.33%）变为个别回答（第一次比例是 36.67%，第二次比例是 46.67%），说明学生的课堂参与率有所提升。此外，讨论后汇报的数据有所增加并且高于全国常模数据，说明温立新老师能够根据课堂教学内容设计相应的合作学习活动，较好地培养了学生合作学习的能力。

3. 课堂对话方式分析

从言语行为层面来看，温立新老师在第一次授课过程中完全使用言语回应的方式与学生进行对话，非言语回应的比例为 0；100% 的言语回应中有 50.00% 的言语行为是重复学生回答并解释。综合考虑教师在有效性提问维度的数据就不难发现，第一次授课过程中教师更加注重知识的传授与讲解，在促进学生思维与高阶思维能力发展方面并未达到预期结果。因此，温立新老师改变教学问题的设计结构与课堂言语行为表达的方式，通过调整课堂对话方式，打断学生回答并代答以及重复学生回答并解释的比例有所下降，说明第二次授课中教师能够给予学生更多的表达想法的机会和空间，有利于进一步发挥学生的主体性。与此同时，第二次授课中出现了非言语回应并且高于全国常模数据。实践表明，温立新老师采用非言语回应后，在课堂中更能促进师生之间的情感交流，有利于建立和谐、融洽的师生关系，提高学生的课堂参与率。

4. 师生对话深度分析

在第一次授课过程中，温立新老师的对话深度一、深度二、深度三所占比例分别是 70.59%、11.76% 和 17.65%。从数据的分布来看，对话深度主要集中在深度一，并未对课堂中生成性的问题进行深入挖掘。而经验丰富的教师一定会根据课堂情境，抓住课堂中学生的表现，深入挖掘学生的思维动态，以确保学生理解的正确性与发展性。因此，温立新老师经过调整，在第二次授课过程中，使深度一的比例有所降低，深度二、深度三的比例均有所增加，说明温立新老师有意识地增加了一些由易到难、不同梯度的问题链来加深学生的理解。

2.3　基于课堂教学行为大数据的研修活动

对课堂教学进行大数据分析，能透过纷繁的教学现象，得出关于师生教学的普遍规律性的东西。但若要改变其中的不合理之处，或对存在的问题进行纠偏，就必须通过研修活动改进认识，通过教师行为的改变重构课堂教学组织。

通过校本研修和区域研修可以看出，教师的课堂教学行为既存在共性问题，又存在突出的个性问题。课堂教学行为的共性问题折射出的是教师应该"怎么学"的关键性问题，而课堂教学行为的差异性问题折射出的是教师应该"学什么"的关键性问题。通过研修结果可以看出，当前有些教师的教学还是以模仿模式为主的，也渗透了一定的变化模式；要想从教学的模仿模式彻底转变为教学的变化模式，首先就需要转变教师的专业学习方式。正如戴维斯（Davis）所指出的，教师如何学习会反映在他们如何教学上。教师的专业学习方式需要从技术性实践（technical practice）模式转变为反思性实践（reflective practice）模式，即教师要从真实的教学实践出发，经过研修活动对教学实践的反思，再重构新的教学经验，形成以教师实践性知识为核心的非正式学习方式。

2.3.1　基于课堂教学行为大数据的校本研修

在 2018 年全国教育大会上，习近平总书记强调坚持把教师队伍建设作为基础工作。教师队伍质量直接影响学校教育质量，而提升教师专业水平，校本研修是最直接、最有力的支撑。

澳大利亚墨尔本大学哈蒂教授（Hattie）2009 年出版了《可见的学习》

（*Visible Learning*）一书。哈蒂教授历时 15 年，从大量研究和变量中提取出
138 个影响学业成就的效应量，并归入学生、家庭、学校、教师、课程和
教学 6 大类别之中分别加以比较、阐释和总结。结果发现，对学业成就影
响最大的因素是教师，而学校系统的影响则相对较小。哈蒂强调，《可见的
学习》就是要传递教师和反馈的力量。[11]

　　校本研修其实是一种组织学习，如何让教师个体层面的学习与努力不
是散落的个体行为，而是汇聚成向上向前的合力与氛围，就需要学校领导
层面尤其是作为第一负责人的校长重视并构建校本研修的机制与环境。[12]

　　信息化时代的校本研修应充分考虑互联网思维，突破学校层面优质研
修资源匮乏、研讨内容形式化、学科优秀资源封闭化等弊端。北京市丰台
区携手靠谱 COP 项目团队打造了基于研修平台的"教学行为大数据＋科学
诊断分析""个性化分析＋同侪互助"研修模式。因此，校本研修为基于课堂
教学行为大数据的"个体反思性观察＋分享交流"的结合。

　　反思性观察阶段是库伯在经验学习模式中紧随具体经验获取阶段之后
的学习阶段，它在经验学习模式的四个阶段中与积极实践阶段一起构成了
经验改造维度，如图 2-12 所示。教师反思性观察的目的是对在具体经验获
取阶段获取的具体经验产生新的理解和认识。[13]

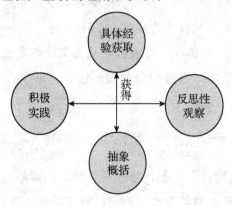

图 2-12　经验学习模式的四个阶段

所谓反思性观察是指学习者依据以往的经验、知识和理念，对具体经验获取阶段获得的具体经验进行多视角的观察和思考，探求具体经验之间的相关性，从而深入认识实践活动与结果之间的因果关系。

教师进行反思性观察活动是对具体经验获取阶段所获得的具体经验做进一步的内省，既可以是对教师自己教学的反思，也可以是对他人教学的反思。教师在具体经验获取阶段通过真实课堂的教学实践或课堂观察获取了具体经验。为了提升获得具体经验，使之从感性认识上升到理性认识，教师在反思性观察阶段要借助课堂观察方法对真实课堂观察所获得的信息数据、自身的原有知识、他人分享的具体经验等进行深刻的思考，从而对它产生新的理解和认识。杜威将经验区分为"原初经验"和"反思经验"，认为它们之间的区别在于前者是一种瞬间的反思，而后者则表现为一种持续而规范的反思性探求。因此，在反思性观察阶段，教师需要对在具体经验获取阶段获得的"原初经验"运用自我反思、头脑风暴等多种反思方法和技术进行持续性的深刻反思，才能使之转变为"反思经验"。教师的反思性观察具有以下具体特征。

第一，教师的反思性观察是一种批判性反思。批判性反思在学习过程中是一个转变观念的阶段。教师在反思性观察时要运用批评和分析的态度，探究过去与现在的教学经历和经验对学习过程的启示，判断原有经验和新观点之间的联系[14]，从而在反思中转变观念，突破自己原有思维的局限性。

第二，教师的反思性观察依赖于课堂观察方法与技术的支持。教师要运用课堂观察方法与技术对真实课堂或课堂录像进行全方位的观察，获得来自真实课堂情境的多种师生行为数据，作为反思性观察的重要依据。

第三，个人反思与集体反思相辅相成。教师的反思性观察有个人反思和集体反思两种活动形式。集体反思是校本研修过程中教师与团队成员就共同观察的课堂问题进行头脑风暴等专业对话活动，通过描述、倾听、质疑、回答、辩论、讨论等方式实现经验分享，以及观点和观点的碰撞。集体反思有利于教师在个人反思中尝试从他人的角度去观察课堂，分享他人所体验的课堂情境，接受不同观点或产生新观点，使教师对课堂教学行为和结果关系的认识超越教师原有的知识水平和惯性思维，促进教师个人反思的深入。教师的集体反思往往是在个人反思的基础上进行的。课堂主讲教师和观察者从不同的视角获得的反思结果，会促进校本研修人员的深度交流，有利于集体反思的深入。

按照具体经验获取阶段的研修者角色进行划分，丰台区靠谱 COP 项目学校构建了基于课堂教学行为大数据的校本研修活动分类模式量表，如表 2-6 所示。

表 2-6　基于课堂教学行为大数据的校本研修活动分类模式量表

活动类型	典型活动	活动作用	助学服务
个人研修活动	开放式课堂观察	以教师的课堂教学为专业情境，借助定性与定量的课堂观察方法与技术，使教师个人从实际教学活动中获得直接感受	提供课堂观察支持服务，包括课堂观察的支持工具、答疑咨询、再生资源的回收与加工、反馈评价、活动管理与监控等
	聚焦式课堂观察		
	结构式课堂观察		
	获取直接经验	捕获到在开放式观察、聚焦式观察和结构式观察中所感知的鲜活的、碎片式的，甚至是稍微凌乱的直接经验	提供直接经验获取支持服务，特别是认知与学术支持服务
个人研修活动	撰写个人具体经验获取报告	初步加工、整理个人直接经验	答疑咨询、反馈评价
	评选优秀个人具体经验获取报告	评选优秀个人，梳理先进研修榜样	反馈评价、活动管理与监控

续表

活动类型	典型活动	活动作用	助学服务
团队研修活动	团队组织参与课堂观察活动	促进教师之间的经验交流，支持教师在互动的过程中寻求新的经验意义，并通过对课堂教学中具体问题的研究，将新旧经验联结起来，形成研修团队这一学习型组织的具有社会性的显性知识	提供团队研修支持服务，包括支持工具、答疑咨询、再生资源的回收与加工、反馈评价、活动管理与监控等
	团队召开具体经验获取研讨会，撰写团队具体经验获取报告		
	评选优秀团队具体经验获取报告	评选优秀团队，梳理团队研修榜样	反馈评价、活动管理与监控
助学活动	设计、开发支持工具	支持团队按照活动设计目标高质高效地完成研修活动任务	人际支持服务、学术支持服务、认知支持服务
	答疑咨询		
	反馈评价		
	再生资源的回收与加工	收集研修过程中的再生资源，为形成新的案例等学习资源奠定基础	资源加工服务
	活动管理与监控	保证研修人员按照活动设计进程高质高效地完成研修活动	活动绩效评估服务

　　校本研修过程中个体具体经验获取的支持工具如表 2-7 所示，团队具体经验获取的支持工具如表 2-8 所示。

表 2-7 个体具体经验获取的支持工具

案例基本信息			
案例名称		案例主讲人姓名	
案例所属学校		案例课程所属年级	
案例课型		任课教师教龄	
观察者基本信息			
观察者姓名		观察者所属学科	
观察者教龄		观察者所在团队	
合作观察者信息			
观察者姓名		观察者所属学科	
观察者教龄		观察者所在团队	
开放式观察证据		所获取的直接经验	
聚焦式观察证据		所获取的直接经验	
结构式观察证据		所获取的直接经验	
初步总结出的成功的具体经验为：			
初步总结出的失败的具体经验为：			

表 2-8 团队具体经验获取的支持工具

案例基本信息			
案例名称		案例主讲人姓名	
案例所属学校		案例课程所属年级	
案例课型		任课教师教龄	
团队基本信息			
团队名称		团队成员姓名	
成功经验的共性分析			
1. 请说一些成功经验中所体现出的共性			
2. 请用一个或多个课堂叙事、课堂观察结果对具有共性的成功经验加以分析说明			
失败经验的共性分析			
1. 请说一些失败经验中所体现出的共性			
2. 请用一个或多个课堂叙事、课堂观察结果对具有共性的失败经验加以分析说明			
3. 给出改进的具体建议			
具有争议的具体经验			
1. 请对具有争议的具体经验进行表述			
2. 分析团队中有争议的原因			

2.3.2 基于课堂教学行为大数据的区域研修

为达到对教学方法与教学策略进行开发创造的目的，研修教师坚持以学生为本，改变"一言堂""满堂灌"的传统而单一的教学方法，根据教学目标、具体教学内容和教学对象特点，灵活运用研究式教学、讨论式教学、引导式教学、启发式教学和案例式教学等多种教学方法，以激发学生的学习兴趣和热情，实现教师与学生之间的双向良性互动，不断增强学生的创新意识和创新能力。

在对"合作探究"和"科学思维"两个主题教学中的痛点、难点进行研讨的基础上，研修教师分别以一节课为载体开展了一系列的创新性教学实践。具体包括：研修教师个人分专题提交创新性教学的方案设计；以同侪互助的方式分组进行创新性教学方案的评价；综合他人的建议进行修改完善，进行实践；将创新性教学的收获与反思进行梳理，最终形成教学微创新大赛的作品。此过程中，涌现了一批体现教学方法与教学策略发明创造的优秀课例。例如，在"合作探究"主题的创新性教学实践中，北京教育学院附属丰台实验学校分校安珊珊老师在"探究影响电流的因素"一课中，为了充分体现物理教学以实验为基础、以学生为主体的教学理念，将学生分为两个大组，设计不同的电路图，运用控制变量法进行实验；在处理实验数据时，巧妙借助数学中正、反比例函数和 Excel 作图方法，总结得出欧姆定律。在"科学思维"主题的创新性教学实践中，北京市丰台区第二中学马磊老师在"万有引力定律"一课中，为了总结万有引力定律的得出过程，将原来的只推导万有引力的表达式，改为发现过程的物理学史研究，增加月地检验的过程，运用"质疑—启发—探究—建模"等方法培养学生的科学推理能力。

在整个创新性教学的探索实践过程中，研修教师体会到教学方法体系作为一个系统，是由多种相互联系、相互作用的具体方法构成的统一整体。这些具体方法相互渗透、相互补充，彼此联系、不可分割，协同发挥着整体效能。因此，在教学方法与教学策略的开发创造中，除了需要丰富多样、灵活有效的教学方法外，教师还要注意对这些方法进行最优化选择和系统整合。只有这样才能发挥方法的最大作用，形成优化组合之后的创新方法体系。需要说明的是，数据比例之和不是 100％，是由于按四舍五入法处理的。

1. 教师课堂教学行为改进的评价

丰台区靠谱 COP 项目第三期以"基于课堂教学行为大数据的创新性教学研究项目"为主题。在项目进行了三个学期后，研修教师的课堂教学发生了很大的变化。在此对比分析该项目第二学期和第三学期研修教师的课堂观察数据，以反映区域研修的效果。

（1）教师有效性提问分析

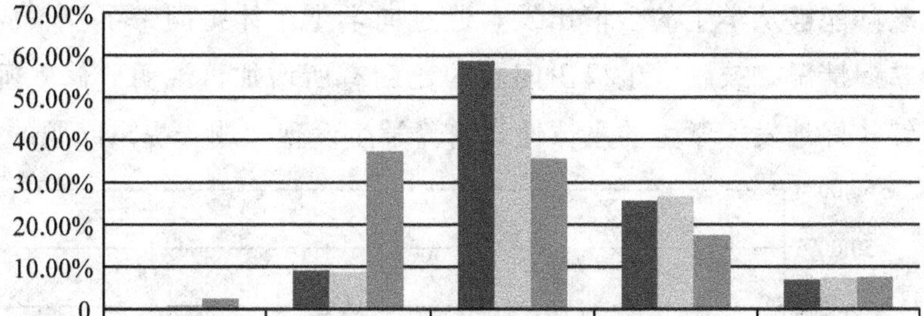

	管理性问题	记忆性问题	推理性问题	创造性问题	批判性问题
■ 第二学期	0	9.04%	58.57%	25.56%	6.83%
▨ 第三学期	0.32%	8.81%	56.84%	26.61%	7.42%
▨ 全国常模	2.43%	37.21%	35.49%	17.37%	7.49%

图 2-13　提出问题的类型的分布情况

根据图 2-13 所示，相对于第二学期，第三学期研修教师在提问问题的类型方面，记忆性问题所占比例有所下降，创造性问题和批判性问题的比例有所增加。这些表明研修教师在问题设计方面有意识地面向学生的高阶思维，提高课堂师生对话的质量。这也与"科学思维"和"合作探究"主题研修中增强课堂上的开放性问题以及培养学生的质疑精神相对应。但推理性问题的比例略有下降，说明课堂中问题的梯度和层级还需进一步优化。

在第三学期的课堂中，与全国常模数据相比，管理性问题和记忆性问题的比例均低于全国常模数据。这说明研修教师逐渐摒弃了灌输式的教学策略，走向以学生为中心的学生主导型的课堂。推理性问题、创造性问题的比例明显高于全国常模数据，在一定程度上说明经过创新性思维及创新方法的专题培训，研修教师注重对学生创造性思维的培养，能够提出较多的推理性问题培养学生分析问题的逻辑推理能力，并通过创造性问题培养学生的创新性思维和解决问题的能力。

根据图 2-14 所示，经过一学期的研修，研修教师在挑选回答问题的方式方面发生了明显变化，点名提问和让学生齐答的比例有所下降，叫举手者答和叫未举手者答的比例有所增加。这些说明课堂中的压力有所减少，研修教师能够从学生的学情出发，通过向学生个体提问来了解不同层次学生的掌握情况。鼓励学生提出问题的比例有所增加，说明研修教师在课堂中能够较好地发挥学生的主体性，培养学生发现问题、提出问题的能力。

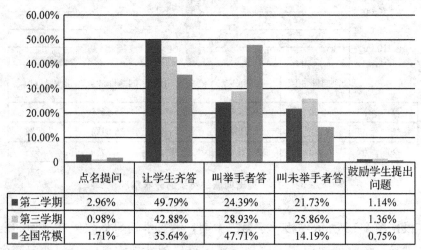

	点名提问	让学生齐答	叫举手者答	叫未举手者答	鼓励学生提出问题
■第二学期	2.96%	49.79%	24.39%	21.73%	1.14%
■第三学期	0.98%	42.88%	28.93%	25.86%	1.36%
■全国常模	1.71%	35.64%	47.71%	14.19%	0.75%

图 2-14　教师挑选回答问题的方式的分布情况

与全国常模数据相比，第三学期的课堂中让学生齐答所占比例高于全国常模数据；叫举手者答的比例低于全国常模数据。研修教师如果能够进

一步丰富提问方法，提升学生的积极性和探究欲，适当降低让学生齐答的
比例，便能够充分了解学生个体的学习情况。

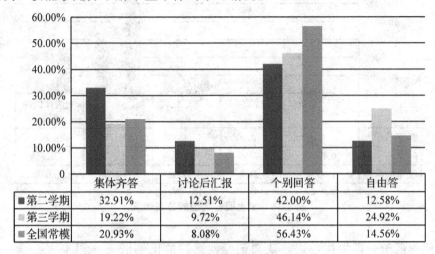

	集体齐答	讨论后汇报	个别回答	自由答
■第二学期	32.91%	12.51%	42.00%	12.58%
▨第三学期	19.22%	9.72%	46.14%	24.92%
▥全国常模	20.93%	8.08%	56.43%	14.56%

图 2-15　学生回答方式的分布情况

根据图 2-15 所示，经过一学期的研修，在学生回答方式方面，课堂中
集体齐答的比例下降，个别回答和自由答的比例有所增加，讨论后汇报的
比例略有下降。建议研修教师在课堂中增加让学生进行合作交流的活动，
提升学生的交流、分享和协作能力。

与全国常模数据相比，第三学期讨论后汇报的比例略高于全国常模数
据，个别回答的比例低于全国常模数据，自由答的比例高于全国常模数据。
通过进一步分析发现，研修教师在提升问题的开放性和难度的同时，仍然
采用较大比例的集体齐答方式，导致学生的答案不一致或只有少数学生回
答问题，因此出现了较高比例的自由答数据。

根据图 2-16 所示，经过一学期的研修，第三学期在学生回答类型方
面，认知记忆性回答的比例有所下降，创造评价性回答的比例有所增加。
这样的数据变化说明，研修教师能够通过提出较多的开放性问题来促进学
生高阶思维的发展。

与全国常模数据相比较，第三学期的课堂中，无回答和机械判断是否

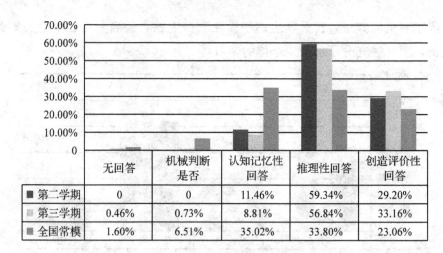

	无回答	机械判断是否	认知记忆性回答	推理性回答	创造评价性回答
■ 第二学期	0	0	11.46%	59.34%	29.20%
■ 第三学期	0.46%	0.73%	8.81%	56.84%	33.16%
■ 全国常模	1.60%	6.51%	35.02%	33.80%	23.06%

图 2-16　学生回答类型的分布情况

的比例低于全国常模数据，认知记忆性回答的比例低于全国常模数据，推理性回答和创造评价性回答的比例高于全国常模数据，说明研修教师精心设计的提问有效促进了学生思维品质的提升，能够较好地促进学生的发散性思维和批判性思维的培养。

(2)教师回应分析

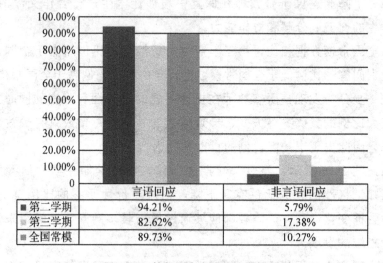

	言语回应	非言语回应
■ 第二学期	94.21%	5.79%
■ 第三学期	82.62%	17.38%
■ 全国常模	89.73%	10.27%

图 2-17　教师回应方式的分布情况

根据图 2-17 所示，经过一学期的研修，第三学期在教师回应方式方面，研修教师的言语回应的比例有所下降，非言语回应的比例相应增加。这说明研修教师能够通过较多的非言语回应的方式对学生的回答进行反馈，有利于促进师生之间的情感交流。

另外，与全国常模数据相比较，非言语回应的比例高于全国常模数据，说明研修教师能够在课堂中使用较为丰富的回应方式，多样化地与学生进行交流，营造和谐亲密的师生关系。

根据图 2-18 所示，经过一学期的研修，第三学期在教师回应态度方面，肯定回应及打断学生回答并代答的比例呈下降趋势，否定回应、无回应以及重复学生回答并解释的比例有所增加。这些说明针对学生给予的回答，研修教师并非一味地给予学生肯定回应，而是能够在学生的回答出现偏差时，及时进行干预指导并在某些难点问题上进行解释。这些数据证据链也从侧面反映出课堂问题的难度及开放性都有所增加。

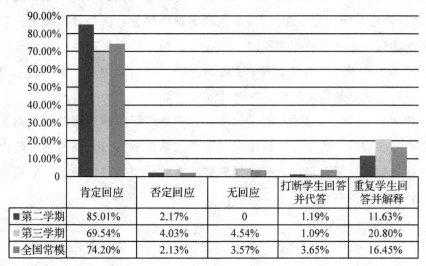

	肯定回应	否定回应	无回应	打断学生回答并代答	重复学生回答并解释
■第二学期	85.01%	2.17%	0	1.19%	11.63%
▨第三学期	69.54%	4.03%	4.54%	1.09%	20.80%
■全国常模	74.20%	2.13%	3.57%	3.65%	16.45%

图 2-18　教师回应态度的分布情况

（3）四何问题分析

根据图 2-19 所示，经过一学期的研修，第三学期在四何问题方面，是

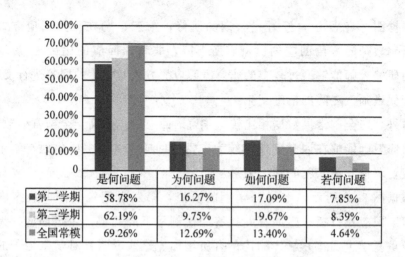

	是何问题	为何问题	如何问题	若何问题
■第二学期	58.78%	16.27%	17.09%	7.85%
第三学期	62.19%	9.75%	19.67%	8.39%
全国常模	69.26%	12.69%	13.40%	4.64%

图 2-19　四何问题的分布情况

何问题的比例略有增加，如何问题以及若何问题的比例有所增加。这说明通过"科学思维"和"合作探究"两个主题的教学研修，研修教师在重视夯实学生基础知识和基本技能的同时，更加注重培养学生策略性知识获取能力以及知识迁移能力，体现了两个主题研修中的创新着力点：提升课堂中学生探究的深度以及在实际生活中学以致用的能力。

相比于全国常模数据，第三学期课堂中是何问题的比例低于全国常模数据，如何问题、若何问题的比例高于全国常模数据。这些变化反映出课堂的问题结构更加合理，研修教师更加注重对学生策略性知识获取能力和知识迁移能力的培养。

（4）对话深度分析

根据图 2-20 所示，经过一学期的研修，第三学期在对话深度方面，深度一、深度二及深度五的对话比例有所下降，深度三及深度四的对话比例有所增加。这说明研修教师更注重对问题逻辑结构的设计，并采用在课堂中追问的方式，有意识地通过深度对话来拓展学生思维的深度和广度。

与全国常模数据相比，第三学期课堂中的深度二、深度三、深度四、

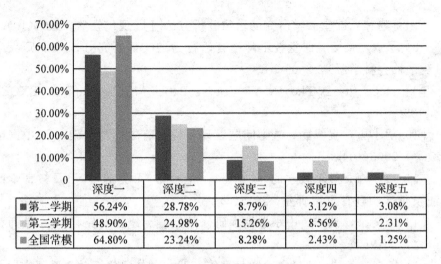

	深度一	深度二	深度三	深度四	深度五
第二学期	56.24%	28.78%	8.79%	3.12%	3.08%
第三学期	48.90%	24.98%	15.26%	8.56%	2.31%
全国常模	64.80%	23.24%	8.28%	2.43%	1.25%

图 2-20　对话深度的分布情况

深度五的比例均高于全国常模数据，深度一的比例低于全国常模数据。这说明研修教师能够通过问题系统的精心设计提高师生之间的对话深度，并利用恰当的追问，深化学生对相关内容的认识和理解。

【本章参考文献】

[1] 张克龙．教研组开展校本教研的行动策略[J]．现代中小学教育，2011(4)．

[2] 王文．课堂观察——教师专业成长的必由之路[D]．福州：福建师范大学，2008．

[3] 陈美玉．教室观察——一项被遗漏的教师专业能力 1[J]．研习资讯，1998(5)．

[4] 崔允漷．听评课：一种新的范式[J]．教育发展研究，2007(9B)．

[5] 王陆，张敏霞．课堂观察方法与技术[M]．北京：北京师范大学出版社，2012．

[6] 崔允漷，周文叶．课堂观察：为何与何为[J]．上海教育科研，2008(6)．

[7]蒋鸣和. 课堂教学研究的录像分析方法[J]. 现代教学，2004(10).

[8]邱微，张捷. 课堂教学师生言语行为的实证研究[J]. 东北师大学报(哲学社会科学版)，2006(5).

[9] McCarthy B. The 4MAT Course Book[M]. Barrington：EXCEL Inc，1996.

[10]胡小勇，祝智庭. 教学问题设计研究：有效性与支架[J]. 中国电化教育，2005(10).

[11]彭正梅. 寻求教学的"圣杯"——论哈蒂《可见的学习》及教育学的实证倾向[J]. 教育发展研究，2015(6).

[12]李树培，魏非. 中小学校本研修的问题、缘由与路径[J]. 教师教育研究，2019(2).

[13]杨卉，王陆，张敏霞. 教师网络实践共同体研修活动体系研究[J]. 中国远程教育，2012.

[14]房慧. 经验学习的反思与建构[D]. 重庆：西南大学，2011.

第3章 基于教育大数据的物理教学研究与实践

　　全国基础教育物理课程改革实施已有十几年的时间了，中高考物理改革使得物理教学的评价方法发生了许多变化。但是，在平时的初高中物理教学中，物理教学中的应试训练还比较突出，学生的学习负担依然很重。主要表现在有些教师把教学过程设计为基于碎片化知识的"演变"过程，使不同知识单元和知识点的教学过程之间缺乏一致的主线；教学中往往因教师讲解多、学生活动少而限制了学生的主动性；知识庞杂而不系统，不同学段的课程标准和教材的设计缺乏连贯性等。北京市丰台区的物理学科教学在课程改革的进程中，在北京市、丰台区两级教研员及物理教师的努力下，已经有了很明显的进步，但是也面临着严峻的挑战。例如，一些物理教师的教学设计逻辑性差、层次不清；物理知识体系急需完善；课堂中缺乏学生的自主、合作和探究的教学行为；课堂教学方法需要不断推陈出新；教师对课堂教学的诊断不够、针对性不强，对学生科学思维的培养有待提升等。

　　基于对上述问题的深入思考与实践，北京教育学院丰台分院在靠谱COP项目中专门针对物理学科，建立了"基于课堂教学行为大数据的创新性教学研究项目"，专门研究物理学科如何利用课堂教学行为大数据进行创新性教学研究，以提升物理教学的质量，促进物理教师的专业发展。

　　"基于课堂教学行为大数据的创新性教学研究项目"以丰台区现有物理教学现状为起点，以创新性教学研究为引领，借助知识创新矩阵的理论框架，以课堂教学行为大数据等方法与技术为支撑，结合丰台区的物理教研活动，在三年的研修中经历知识创新矩阵的改进、开发创造以及扩展三个阶段，实现物理学科的创新性教学研究。该项目以促进每位学生的发展为宗旨，以课程实施过程中学校所面对的各种具体问题为对象开展教学研究，以教学方法、物理课型、知识体系和科学思维组成的学科引导为根本，以课堂教学行为大数据、信息化教育科研方法等研修方法为抓手，开展以知识创新为目的的创新性教学研究，实现丰台区教师专业成长的跨越式发展和物理成绩的显著提升。

基于课堂教学行为大数据的创新性教学研究项目以教学创新模型为理论指导，将教师研修分为三个阶段：知识创新的改进阶段、知识创新的开发创造阶段和知识创新的扩展阶段，每一学年对应一个阶段。第一学年为知识创新的改进阶段，实现原有课堂教学行为和实践性知识的改进；第二学年为知识创新的开发创造阶段，开发出解决课堂教学中某些问题的新方案，实现课堂教学方法与教学策略的开发创造；第三学年为知识创新的扩展阶段，将开发创造的方法策略迁移到新的问题情境中，从而将现有的知识扩展到其他新的领域进行应用，全面实现课堂教学质量的提升。每个阶段的知识创新目标及研究机会、外部影响结果如图 3-1 所示。其中横轴表示知识的成熟度，这些知识作为问题解决方案的基础，从低到高进行排列；纵轴表示应用领域的成熟度，也是按照从低到高的程度进行分布。

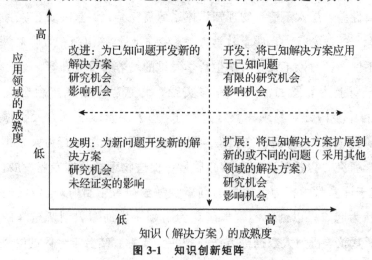

图 3-1　知识创新矩阵

3.1　案例剖析

3.1.1　案例：合作探究主题下的物理教学实践

本案例的主人公是来自北京市丰台区第二中学、具有 6 年教龄的胜任型高中物理教师——朱静老师。本案例反映的是朱静老师钻研合作探究主题下的物理教学实践及改进案例。

1. 案例背景

本案例是在基于课堂教学行为大数据的创新性教学研究项目中开展的以"合作探究"为主题的课堂教学实践活动，通过教学设计、课堂观察、大数据分析来探究物理课堂教学过程中"合作探究"课堂类型的特点及教学质量。

2. 基于课堂教学行为大数据的合作探究主题教学尝试

朱静老师根据靠谱 COP 项目中另一位教师执教的"动能"一课的课堂教学行为大数据与靠谱 COP 项目团队协商进行基于课堂教学行为大数据反思的同课异构，并决定以"合作探究"为教学的主题，形成了"动能"一课的教学设计，如表 3-1 所示。

表 3-1　朱静老师的教学设计

基本信息					
所在学校	北京市丰台区第二中学	授课教师	朱静	教龄	6 年
所在学段	高中	课程名称	动能		
教学目标	知识与技能目标： 1. 发展学生的能量观念，知道动能和物体的质量、速度的具体关系，形成动能的概念，并对力做功与动能变化之间的关系有初步认识。 2. 能够从实验探究和理论推导两个角度去寻找动能和质量、速度的具体关系。				

续表

教学目标	过程与方法目标： 1. 能从生活中的实例进行分析，概括出力对物体做功过程中物体动能发生的变化。 2. 能够通过实验探究和对实验数据的处理，得出力做功与速度变化的关系，并进行科学推理，思考动能与质量、速度的具体关系。 3. 能利用牛顿第二定律和运动学的知识进行理论推导，得出力做功与速度、质量的关系，结合实验探究结果进行科学推理，得出动能的表达式和力做功与动能变化之间的关系。 合作探究目标： 1. 能够基于观察和演示实验提出研究问题的基本思路："探究力做功与物体动能变化的关系"。 2. 能够设计利用实验探究"力做功与动能变化关系"的具体方案，并基于证据得出结论，分析论证探究的结果，或对已有结论提出质疑。 情感、态度与价值观目标： 1. 能描述和解释看到的物理现象，形成探索自然的内在动力。 2. 具有合作与交流的意愿与能力，并能有理有据地发表自己的见解，养成严谨认真、实是求是的科学态度，在合作中既能坚持观点又能修正错误。
教学重难点	1. 能够从实验探究和理论推导两个角度去寻找动能和质量、速度的具体关系。 2. 能够基于观察和演示实验提出研究问题的基本思路："探究力做功与物体动能变化的关系"。
教学创新点	本教学设计围绕"寻找动能和速度、质量之间的具体关系"这一主线展开，首先通过演示实验和生活实例引导学生分析研究思路；接着引导学生设计实验进行探究，让学生获得在实际情境中解决物理问题的体验，在课堂上利用光电门传感器进行实验，可以快速方便地得出实验数据，并在课堂上利用Excel处理实验数据，分析得出实验结果，进而将侧重点放在对实验结果的讨论上；在充分讨论的基础上引导学生利用所学的运动学公式和牛顿第二定律，用逻辑推理的方法进行理论研究，并对推导的结果进行分析讨论；最后结合两方面研究和讨论让学生逐步建构动能的概念。
教学环境	利用光电门传感器进行演示实验，利用 Excel 对实验数据进行数据处理与分析，利用 PPT 演示教学内容。
教学资源	光电门传感器（5 个并列安装在铁架台上）、质量不同的圆柱体、铁架台、PPT、Excel。

教学环节	教学活动		设计意图
	教师活动	学生活动	
分析确定研究思路	提问：如何比较图中两个物体动能的大小？  速度为300米/秒的子弹　　速度为10米/秒的汽车 教师：我们无法比较质量和速度都不同的两个物体的动能大小。我们还需要去寻找动能和质量、速度之间的更加具体的关系。 提问：怎么来寻找呢？ 教师演示：小球下落，下落过程中动能变了吗？ 教师：可以用牛顿定律的知识来解释。换一个角度来看，物体下落的过程中重力、空气阻力的合力对物体做功，物体的动能发生了改变。 确定研究思路： 力对物体做功，物体的动能变化 ⇩ 力对物体做功和物体动能的关系 ⇩ 力对物体做功和物体速度的关系	学生：无法比较二者的动能。 学生：重力和阻力的作用，合力向下，使物体加速，动能变大。 学生：举出生活中力对物体做功使物体动能发生改变的实例。	通过问题设计，引导学生认识动能与质量、速度关系的必要性，引出本节课的主题。 引导学生从力做功与动能变化关系的角度去研究问题。

实验探究 1	教师：物理常用的研究方法有实验探究和理论推导，下面我们来进行实验探究。首先控制质量不变，探究力对物体做功和物体速度的关系。课堂上先选一个比较简单、容易操作的运动情境来进行实验探究。选什么样的运动情境来研究呢？ 提问： 落体运动中需要测量哪些物理量？ 分别需要什么实验仪器进行测量呢？ 具体实施方案是什么？	学生分析讨论，最后确定研究的运动情境为落体运动。 学生回答： 1. 测量不同位置物体的速度；不可以直接测量功，可以测出重力、重力方向上下落的高度，计算出功。 2. 测量速度用光电门传感器，减少课堂上处理纸带的时间。 3. 计算得出从初始释放点到不同位置重力做的功，测量出不同位置的速度，分析数据，寻找规律。	设计实验探究的方案。

| 实验探究 2 | 教师：物体下落过程中还不可避免地会受到空气的阻力。空气阻力的影响不大的情况下，我们可以把它忽略，这样我们研究的运动情境就变成了自由落体。
教师介绍实验装置（5 个传感器并列固定在铁架台上），进行课堂实验。
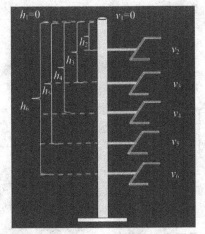
师生共同进行实验数据处理。
提问：实验得出的这个规律对你有什么启发？
教师：改变下落物体的质量 m，得到多组实验数据。观察数据能发现什么规律？ | 学生讨论如何寻找 W 和 v 的关系，利用 Excel 表格处理数据，最后得出 W 和 v^2 成正比的关系。
学生：动能的表达式中应该有 v^2，而且力做的功 W 应该还与质量 m 有关。我们应该再探究一下力做的功 W 和质量 m 的关系。 | 渗透"理想化模型"的物理思想。
进行实验探究，给学生以直观的体验。
利用传感器进行实验，能够快速地得出不同位置的速度，在课堂上利用 Excel 进行数据处理，培养学生的数据处理和分析的能力。
学生通过实验事实认识到：W 和 v^2 成正比，而且比例系数和质量 m 有关。 |

理论推导	教师：由于实验过程中存在阻力，还有测量误差，我们无法得到一个精确的关系式，但我们知道了 W 和 v^2 成正比，而且比例系数和质量 m 有关，已经有了不小的收获。研究物理问题还有一种常用的方法是理论推导，我们试试从理论上推导看看会有什么收获。 提出问题：理论推导自由落体过程中任意两个位置之间重力做功 W 与 m、v 的关系。	学生利用所学的运动学知识和牛顿定律的知识进行理论推导，并在黑板上演示推导过程。	在实验探究的基础上进行理论推导，帮助学生在头脑中建构更完整、更严谨的知识体系。
理论推导	 教师：推导过程中如果需要用到其他的物理量可以先假设，最后要消掉。 教师：这个关系又能给你带来哪些启发或思考呢？可不可以帮助我们找到动能与 m、v 的具体关系呢？ 教师：实验探究的结果和理论推导的结果是一致的。 提问：自由落体运动物体只受一个力的作用。如果物体同时受多个力的作用，哪个力的功等于物体动能的变化量？	学生将表达式进行整理，把位置1的相关物理量和位置2的相关物理量分开写，得出表达式：$W = mv_2^2/2 - mv_1^2/2$ 学生：因为力对物体做功，物体的动能在变化。而 m 和 v 刚好是动能的两个影响因素，$mv^2/2$ 这个量可以用来表示动能。 学生：推导落体运动不忽略空气阻力的情况下力做功与物体动能变化的关系。最后得出结论：这个过程中合力做的功等于动能的变化量。	进一步完善已有知识，得出规律：合力做的功等于动能的变化量。

续表

小结	教师：在这节课我们分别从实验探究和理论推导两个角度去寻找动能和 m、v 的具体关系，动能的表达式为：$E_k = mv^2/2$。 在这个寻找的过程中我们还发现了一个重要的规律，力对物体做的功和动能变化量的关系：$W = mv_2^2/2 - mv_1^2/2$。	学生结合实验探究和理论推导两个方面得出动能的表达式。	总结归纳。

3. 基于课堂教学行为大数据的分析

靠谱 COP 项目团队使用编码体系分析和记号体系分析对这节课进行了全方位的扫描式分析，为朱静老师提供了丰富的反思支持数据。例如，通过 S-T 分析可以发现，本节课采用了混合型教学模式；从图 3-2 所示的断层可以看出，本节课为学生留有合作探究的时间，符合合作探究型的教学设计。其中，教师行为的占有率 Rt 值为 0.59，较为适当；师生行为的转换率 Ch 值为 0.20。可见课堂教学中学生能有更多的时间进行合作探究，有深入思考与实践的时间，如图 3-2 与图 3-3 所示。

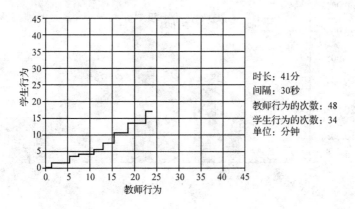

图 3-2　S-T 曲线图

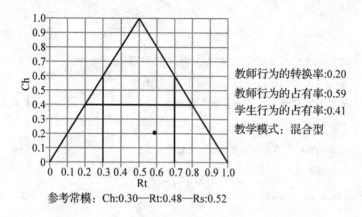

教师行为的转换率:0.20
教师行为的占有率:0.59
学生行为的占有率:0.41
教学模式：混合型

参考常模：Ch:0.30—Rt:0.48—Rs:0.52

图 3-3　Rt-Ch 图

通过记号体系分析发现，朱静老师这节课的创造性问题、批判性问题的比例远超全国常模数据，与之对应的学生回答类型也多集中在推理性回答和创造评价性回答维度。在对话深度方面，这节课的对话深度已经达到深度五，并高于常模水平，说明基于课堂教学行为大数据的合作探究教学活动有助于提升学生的思维品质，如图 3-4 至图 3-6 所示。需要注意的是，数据比例之和不是 100%，是由于按四舍五入法处理的。

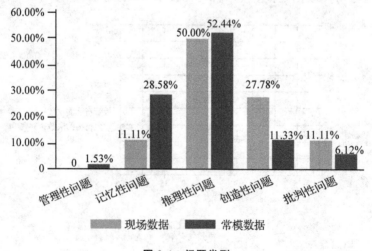

图 3-4　问题类型

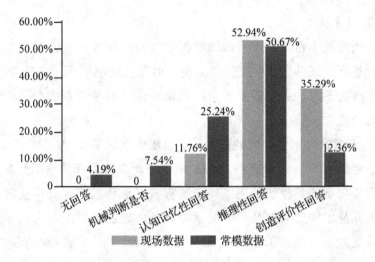

图 3-5　学生回答类型

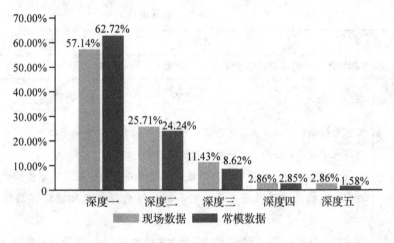

图 3-6　对话深度

3.1.2　案例：科学思维主题下的物理教学实践

本案例的主人公是来自首都师范大学附属丽泽中学、具有 10 年教龄的胜任型初中物理教师——白洁老师。本案例反映的是白洁老师科学思维主题下的物理教学实践与改进案例。

1. 案例背景

本案例是在丰台区物理教师课堂教学提升、物理创新性教学案例剖析与研讨背景下开展的以"科学思维"为主题的课堂教学活动，通过教学设计、课堂教学行为观察、大数据分析来探究物理课堂教学过程中"科学思维"课堂类型的特点。

2. 基于课堂教学行为大数据的科学思维主题教学尝试

白洁老师作为一位有着 10 年教龄的胜任型教师，深切地感受到以往传统的知识传授型课堂教学只能以越来越重的课业负担来提升学生的物理成绩，并不能从思维层面提升学生的学习质量。在此基础上，白洁老师在反思原有课堂教学行为大数据的基础上进行了基于"科学思维"的教学设计，如表 3-2 所示。

表 3-2　白洁老师的教学设计

基本信息				
所在学校	首都师范大学附属丽泽中学	授课教师	白洁	教龄	10
所在学段	初中	课程名称	重力		
教学目标	知识与技能目标：学生通过观察和对比的方法，对生活中习以为常的重力进行深入思考，能说出重力的概念和重力的施力物体。 过程与方法目标：通过重力与质量关系的探究实验，拟订简单的科学探究计划，能收集实验信息，具备初步的处理数据信息和总结实验规律的能力。 科学思维目标：通过随处可见、习以为常的重力，结合观察实验思考重力产生的原因等深层次的问题，逐渐形成力学知识体系并掌握一定的研究方法。 情感、态度与价值观目标：通过生活现象对重力进行深入思考和研究，体会到科学探索的乐趣；通过重力在生活中的应用，体会到科学知识在解决问题时发挥的作用；通过探究重力与质量关系的实验，培养交流精神和协作精神。				

教学重难点	重力的三要素。
教学创新点	重力是如何被发现的，其中蕴含了力学的相关知识，却不被学生重视。因此本节课将重力是如何被发现的作为引课，使学生深刻理解力的作用效果，并能够将前后所学的知识联系起来。
教学环境	多媒体实验室。
教学资源	铁架台、带细线的小球、弹簧测力计、质量相同的几个钩码(学生分组)、木棍、胡萝卜、相关多媒体视频。

教学过程			
教学环节	教学活动		设计意图
	教师活动	学生活动	
实验引导	实验1：将带细线的小球放到水平桌面上，分别向上、下、左、右等各个方向拉动细线，观察小球的运动情况。为什么拉动细线，小球就会运动起来？这说明了什么？ 实验2：用细线吊着小球，小球悬空静止，剪断细线，小球落地，是谁把小球拉向了地面？ 教师在学生各种各样回答的基础上指出：两个实验的对比告诉我们，脱离细线的小球向下运动是因为小球受到了向下的力的作用，这个力的施力物体是……(学生回答：地球)，那么我们把这种由于地球吸引而使物体受到的力叫重力。同学们要注意，重力是由于地球吸引产生的，但它不是地心引力或万有引力。	回答：因为小球受到了细线的拉力的作用，因此小球就会向拉力的方向运动。这说明了力能改变物体的运动状态。 回答：地心引力(万有引力或地球引力)使小球向下运动。	复习前面所学知识，引导学生深入思考生活中的常见现象，理解其物理原理，体会物理研究的基本方法，得出重力的概念。

| 科学探究 | 一、重力的概念
提问：请同学们想一想，生活中还有哪些例子证明了重力的存在？
提问：如果我们不受重力会怎样呢？（结合学生回答，播放一小段太空失重的视频。）
通过同学们的深入思考和精彩回答，请大家进一步说一说，什么情况下物体才会受到重力的作用呢？
教师引导学生得出结论：重力的受力物体为地球附近的物体。
二、重力的三要素
引导：通过小球落地的例子，我们知道重力的作用效果是改变了小球的运动状态，那么什么会影响力的作用效果呢？（因此要研究一种力，我们就必须认识它的三要素。）
（一）重力的方向
提问：重力的方向指向哪？
引导：向下是一个很大的范围，显然不够准确。现在请同学们观察铁架台上悬挂的小球，它处于什么状态？它的受力情况如何？请同学们画一画它的受力示意图。
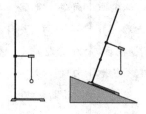 | 回答：水往低处流，苹果落地，人跳起来会落地，小孩从滑梯上滑下等。
回答：会飘起来。像太空中的物体那样处于失重状态。
在地球附近，物体才会受重力的作用。
回答：力的三要素——大小、方向、作用点，影响力的作用效果。
回答：向下。
回答：小球处于静止状态。 | 让学生列举生活实例以及思考重力消失后物体的状态；让学生进一步体会重力的作用，深刻理解重力的概念，并得出重力的受力物体。
对重力的学习不脱离前面所学的知识，以此为基础，教会学生研究一种力该从哪些方面入手，如何将所学知识运用到学习的新知识中去，从而帮助学生逐渐建立力学的知识体系。 |

科学探究	引导：将铁架台的一端垫起来使之倾斜，观察细线的方向，再画小球的受力示意图。 提问：结合二力平衡的知识，请同学们想想准确的重力的方向是什么样的？ 教师播放某综艺节目的一小段视频，让学生在欢快的氛围中体会重力的方向，再观察斜坡上的树如何生长和斜坡上如何建房子等图片，引导学生认清、理解重力的方向。 提问：如果重力的方向突然变得不同，那么我们的生活会怎样？请同学们边看视频边思考吧！ 教师介绍重垂线和水平仪等测量仪器，让学生了解重力在生活中的应用。 （二）重力的作用点 引导：学完重力的方向，接下来我们来认识重力的作用点。请同学们把直尺、笔放在手指上让它们静止不动。 提问：是不是随便怎么放，直尺、笔等物品都可以在手指上静止不动？	学生画受力图。 回答：不管地形如何变化，重力的方向始终是竖直向下的。 回答：看完视频，我发现重力的方向变得不同后，人会躺在地面上行走，马路的台阶会变得很危险等。 学生动手实验，思考体会。	学生通过画受力图，运用二力平衡的知识分析重力的方向，通过画图将重力的方向可视化，加强对所学知识的运用和理解。 学生通过对比明确重力的方向。 学生通过观看视频，既缓冲了严肃的课堂气氛，放松下来，同时也发挥想象力理解重力的方向对生活的影响。 最后通过重垂线、水平仪的介绍，学生发挥想象力，理解重力在生活中发挥的作用，巩固对重力方向的认识。

科学探究	引导：这个实验告诉我们，物体受到的重力可以看成集中在一个点上。只要顶住这个点，物体就可以不掉下来，那么这个点就是重力在物体上的作用点，我们叫它重心。如果支撑点刚好在物体的重心上或者与重心在一条直线上，物体就会保持平衡。在画二力平衡的受力示意图时，我们总是把受力点画在物体的中心上，其原因也在于此。但并不是所有物体的重心都在中心！ 演示：质量均匀的木棍和质量不均匀的胡萝卜保持平衡。 提问：对比木棍和胡萝卜，两者重心的位置有什么差别？为什么会有这种差别？ 提问：不倒翁为何不倒？ 教师展示赛车以及体操运动员的图片，引导学生体会到降低重心有助于增加稳定性。 （三）重力的大小 提问：体验背书包，为什么用的力不一样？ 引导：同学们所说的重指的是什么呢？是质量？还是其他的什么物理量？ 提问：那么重力的大小与什么因素有关呢？	回答：木棍是均匀的，所以重心在中间。胡萝卜一头重，一头轻，所以重心向重的一边偏移了。 回答：不倒翁的底部偏重，质量都集中于下端。因此物体的重心就会向下移，从而贴近地面，不容易倒。 回答：因为书包装的东西多时重，背起它时用的力就大。 回答：重就是重力大的意思。 猜想：与装东西的多少有关，与质量有关等。 学生思考。	学生之前听说过重心这一名词。具体什么是重心，重心有什么样的作用，学生是不清楚的。本环节通过阅读引导学生认识重心的概念，然后再通过实验演示和生活实例体会重心的作用。教师通过介绍和比较不同物体的平衡，让学生体会重心的偏移。在本环节教学中，教师要注意引导学生回答问题时语言的规范性。学生需要明确质量的分布决定了重心的偏移情况，而不是哪头大重心就偏向哪边。

科学探究	引导：我们猜出了一些可能影响重力的因素。大家再结合刚才讲解重心偏移的例子想一想，当物体某一端的质量大时，重力的作用点就会向这一端偏移。生活经验和所学知识都告诉我们，质量不仅影响重力的作用点，还影响重力的大小。下面我们利用实验来定量研究重力大小与质量的关系。在研究之前，我们应如何测量重力的大小？ 提问：如何利用弹簧测力计测量物体的重力呢？（边提问边把一个钩码挂在弹簧测力计上，使其保持静止）就这样把物体挂在测力计上可以吗？ 引导：同学们的回答非常好！要想研究重力大小与质量的定量关系，我们只测一组数据可以吗？如果数据很多，我们需要设计一个记录数据的表格。大家想好此实验需要记录的几个量，每个量对应几组数据，再动手画！	回答：测力的工具是弹簧测力计。学生观察并思考。 回答：物体受到测力计向上的拉力和竖直向下的重力的作用，物体静止。这两个力大小相等，因此拉力的大小就是重力，就可以通过测力计读出重力的大小了。 回答：不可以，需要很多数据。学生动手设计表格，教师巡视加以引导，最后给出正确的表格。	这样也为下边学习重力大小与质量的关系做铺垫。 教师借助生活经验，结合质量对重力作用点的影响，引导学生得出重力大小与质量有关的结论，很好地完成探究实验的前两步——提出问题和进行猜想。学生明确了力的测量工具，利用二力平衡的知识分析测力计的拉力与重力的关系，既锻炼了运用所学解决问题的能力，又为进行实验做好准备。

科学探究	引导：老师给每组10个钩码，大家依次增加钩码的数量，从而改变物体的质量。来读取每次的重力大小吧，记得每测一次都要把数据记入表格。 实验结束后，教师将学生的实验结果进行投影展示，引导学生将数据进行加减乘除，寻找数据的规律。 总结：G/m 的数值都接近9.8。 由于测量中不可避免的误差，计算出的比值不会正好等于9.8牛/千克。教师应要求学生实事求是地说出自己的测量值，并简单分析误差产生的原因。 总结：得出的这个常数9.8牛/千克，我们用字母 g 来表示，即 $g=9.8$ 牛/千克。有了这个常数，我们就可以计算任意质量的物体所受到的重力大小了。 推导公式：$G/m=g$，则 $G=mg$。 提问：$g=9.8$ 牛/千克的含义是什么呢？ （这就是 g 的物理意义。） 练习：一辆5吨的汽车在水平地面上，这辆汽车受到的重力多大？用力的示意图将汽车所受的重力表示出来。若汽车在斜面上向下行驶，画出汽车的重力示意图。 已知：$m=5$ 吨 $=5000$ 千克。 求：G。 解：$G=mg=5000$ 千克 $\times 9.8$ 牛/千克 $=49000$ 牛 答：汽车受到的重力为49000牛。 画重力示意图时，将力的作用点画在重心上。力的方向竖直向下（不管汽车在什么支持面上，重力方向总是竖直向下）。	学生动手实验，教师巡视指导，提醒学生记录数据，了解学生的实验情况。学生在教师的引导下，寻找数据规律。 在教师的引导下学生得出结论和数值的单位：$G/m=9.8$ 牛/千克。 回答：1千克的物体所受重力为9.8牛。 学生练习。	教师肯定学生的回答，建立学生学习的信心，引导学生设计表格也是设计实验的一部分。 学生通过动手实验，锻炼动手能力，培养协作交流的精神。同时教师要培养学生良好的实验习惯，使学生具备探索实践的精神。 分析数据，得出结论，帮助学生理解 g 的物理意义，并得出重力大小的计算公式。 学生通过练习，巩固课堂所学知识，规范计算题的书写；通过画所受重力的示意图尽快掌握重力的作用点和重力的方向等知识。

续表

课堂总结	总结：生活中常说的轻重在物理上可能指的是不同的概念，请同学们将重力和质量进行比较，区分两个概念的差别，从而认清生活中的轻与重。			学生试着总结。	复习回顾、对比归纳有利于学生分清各种不同的物理概念，从而加深理解。
	项目	重力	质量		
	符号				
	概念				
	方向				
	大小				
	单位				
	测量工具				
	联系				

3. 基于课堂教学行为大数据的分析

靠谱 COP 项目团队使用编码体系分析和记号体系分析对这节课进行了全方位的"扫描"式分析，为白洁老师提供了丰富的反思支持数据。例如，通过 S-T 分析可以发现，本节课属于混合型教学模式，符合以发展学生科学思维的探究型教学设计。其中，教师行为的占有率 Rt 值为 0.42，较为适当；师生行为的转换率 Ch 值为 0.35。可见课堂教学中利用师生互动可以增加学生科学思维的深度，如图 3-7、图 3-8 所示。

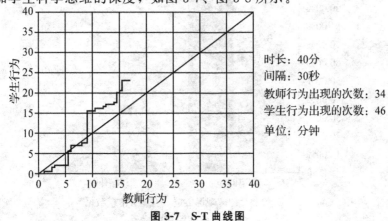

时长：40分
间隔：30秒
教师行为出现的次数：34
学生行为出现的次数：46
单位：分钟

图 3-7 S-T 曲线图

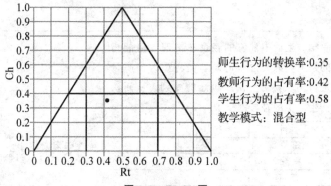

师生行为的转换率:0.35

教师行为的占有率:0.42

学生行为的占有率:0.58

教学模式：混合型

图 3-8　Rt-Ch 图

通过记号体系分析发现，白洁老师运用大量的非言语行为鼓励学生进行科学思维思考，并通过创设多种情境进行问题设计，表现在四何问题维度若何问题的比例超过全国常模数据。与此同时，在对话深度维度，与合作探究主题下的物理学科教学案例相同，都达到了深度五的层次；在培养学生科学思维的教学过程中，往往是基于丰富的证据而进行的论辩式的交流。因此，在四何问题和对话深度方面，其若何问题的比例和对话深度的比例超过常模数据。这说明基于课堂教学行为大数据的科学思维教学活动是成功的，并有助于提升学生的思维品质，如图 3-9 至图 3-11 所示。需要注意的是，数据比例之和不是 100％，是由于按四舍五入法处理的。

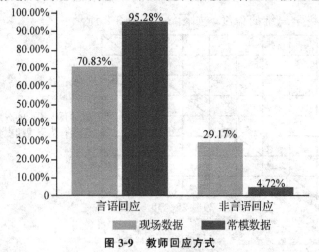

图 3-9　教师回应方式

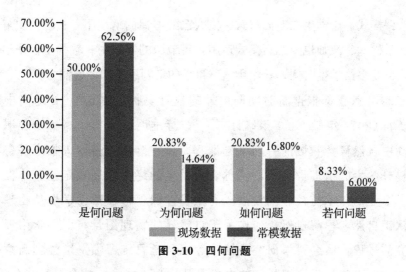

图 3-10　四何问题

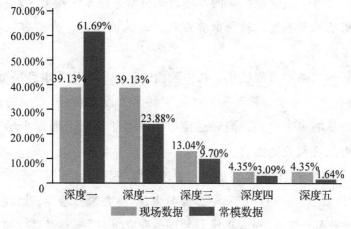

图 3-11　对话深度

3.1.3　为什么要进行物理教学创新

在物理学科课堂教学中，学生由于知识结构的问题，会出现学习很累、没有精力去集中学习知识的情况，从而导致对学习没有兴趣。教师针对这种情况，就要调整自己的教学方式。在课堂上教师要主动调动学生学习，调节学生的听课感受，多和学生在课堂上针对同一个问题进行沟通、交流。教师要创新课堂授课模式，让学生在对固有教学模式已经习惯的情况下，去接受更好、更新的教学模式。教师也要把新模式运用到每节课的实践中。教师不仅是给学生授课，也要多给学生时间，让学生培养自己的解题思路和做题能力。[1]

2020 年教育部根据新时期国内外的教育现状，制定了《普通高中物理课程标准（2017 年版 2020 年修订）》。[2]该标准明确指出，高中物理课程是普通高中自然科学领域的一门基础课程，旨在落实立德树人根本任务，进一步提升学生的物理学科核心素养，为学生的终身发展奠定基础，促进人类科学事业的传承与社会的发展。高中物理课程旨在帮助学生从物理学的视角认识自然，理解自然，建构关于自然界的物理图景；引导学生经历科学探究的过程，体会科学研究方法，养成科学思维习惯，增强创新意识和实践能力；引领学生认识科学的本质以及科学·技术·社会·环境（STSE）的关系，形成科学态度、科学世界观和正确的价值观，为做有社会责任感的公民奠定基础。

面对新时代高中课程改革，初中阶段的物理课程改革也已经提上日程，并将"物理观念""科学思维""科学探究""科学态度与责任"作为物理学科新时期育人价值的集中体现，同时也使学生通过学科学习而逐步形成正确的观念、必备品格和关键能力。

过去传统物理学科教学将重点主要放在"物理观念"等识记类知识上，而忽略"科学思维""科学探究""科学态度与责任"核心素养培养。因此，要想进行课堂教学改革，应从"科学思维"和"科学探究"两项核心素养在课堂教学中的培养入手。

"科学思维"是指从物理学的视角对客观事物的本质属性、内在规律及相互关系的认识方式；基于经验事实建构物理模型的抽象概括过程；分析综合、推理论证等方法在科学领域的具体运用；基于事实证据和科学推理对不同观点和结论提出质疑和批判，进行检验和修正，进而提出创造性见解的能力与品格。

"科学探究"是指基于观察和实验提出物理问题、形成猜想和假设、设计实验与制订方案、获取和处理信息、基于证据得出结论并做出解释，以及对科学探究过程和结果进行交流、评估、反思的能力。

基于上述认识与案例探索，北京市丰台区开展了基于课堂教学行为大数据的物理学科教学研究，并在长期教学实践的基础上形成了以"合作探究"与"科学思维"为主题的物理学科创新教学研究新模式。

3.2　专业引领

3.2.1　物理教学的现状

布鲁纳认为，无论教授如何一门学科，务必使学生理解和掌握学科知识结构。[3]然而，物理学科对学生而言，知识难度较大、实践教学滞后、课堂教学枯燥乏味。

在学科知识层面，一是教学内容较为抽象。物理学科的教材内容，有时会很难解释清楚基本原理，即便是配图也很难将实验的全过程充分展示。这造成教学内容抽象化的特征，让学生很难完全、有效地理解这一内容，对本质规律的挖掘不够充分。二是教学内容的难度较大。物理学科的教材内容，多是由连贯的内容构成的，教材的知识点环环相扣，整体性较强。教学内容的难度大，导致学生的学习压力较大，容易出现畏难心理。三是物理学科与其他学科的联系较为紧密。物理学科当中的内容，涉及的公式与计算过程，与数学学科有着紧密的联系，这也成为物理学科内容较难的主要原因之一。[4]

在实践教学层面，物理实验教学是初中、高中物理中的重要教学内容。学生通过学习物理实验，能够更好地理解物理现象，培养和提升自身的创新能力和实践能力。但是，当前物理教学中还存在实验教学滞后的问题，主要体现在对于物理实验教学的重视程度不够，以及物理实验设备不够完善等方面。有的教师在教学中体现出明显的应试思维，由于初中升学考试不直接考物理实验的相关教学内容，因此他们对于初中物理实验教学的重视程度不够。另外，由于物理实验对于安全性、纪律性的要求比较高，某些教师觉得过于麻烦，所以也不愿意过多地组织学生进行实验。[5]因此，教学实践过程中形成了"教师演示、学生观看"的形式化教学模式。这种教学实践过程是让学生被动地接受物理知识，达不到新时代素质教育改革中所规定的培养目标和要求。

在教学法与课堂氛围层面，主要有四方面的问题：①教学理念陈旧。可以发现，当前物理教学还存在以应试教育为核心教育理念的现象，将关注焦点更多地放在考试内容的教学方面，按部就班，根据教材框架开展教学，这种情况下很难发挥出物理教学的有效性。②教学方法单一。之所以说高中物理教学较为枯燥，主要是物理教学方法较为单一。当前部分高中都是采取教材讲解和实验讲解的方式，对于教材当中的关键点和重点内容以实验教学进一步补充。但由于教材内容较多，难度较大，学生在教学全过程的理解和消化时间较少，无法吃透物理知识，一定程度上影响教学质量。③物理活动偏少。物理学科本身具有较强的实践性特征，需要通过大量的实验来开展教学实践。然而当前存在理论与实践结合不紧密的现象，以及物理学科的相关活动较少，所以营造良好的学习氛围和学习空间有一定的难度。[6]④课堂氛围沉闷，参与度不高。上述多方面的原因，造成学生一味地接受知识、旁观实验，很难参与到课堂活动中，因此在某些极端情况下形成了不参与、不讨论、不实践、不思考的"四不"课堂。

如何提升课堂效率？根据库伯的经验学习模式发现，教师需要从实践性知识入手，经过自我反思并再次将其应用到实践教学活动中。

3.2.2 基于教育大数据的教师实践性知识研究

为使基于教育大数据的物理教学研究覆盖面更全面，靠谱 COP 项目选取丰台区 28 所学校的 48 名初、高中物理教师作为实践研究者。在研究过程中，以学科引导为基础，以方法研究为工具，以知识创新为目的，问题解决一以贯之，在此基础上形成丰台区物理教师教学的从渐进型创新、模组型创新到构建型创新的发展轨迹，如图 3-12 所示。

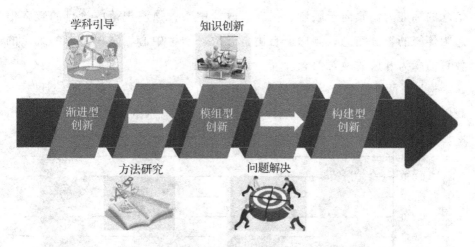

图 3-12　基于教育大数据的物理教学研究模式

48 名教师(成熟教师 10 人,胜任教师 19 人,新手教师 19 人)通过创建网络实践共同体,逐渐形成了以"合作探究"与"科学思维"为主题的教学实践研讨。通过"具体经验获取""反思性观察""抽象概括"和"积极实践"四个阶段的研修,经过靠谱 COP 项目团队进行实践性知识编码发现,这 48 名教师的教育信念水平、自我知识水平、人际知识水平、策略知识水平、情境知识水平、反思知识水平方面在渐进型创新过程中均有所提升。

以构建型创新阶段为例,靠谱 COP 项目团队对参与研修的 48 名教师在参与项目的第二学期和第三学期的实践性知识进行了比较分析。

1. 对教师教育信念影响的分析

教师教育信念可以从两个方面描述,分别是教师对教育原则的信奉和教师对教育工作的信念。教师信奉的教育原则有:科学性和思想性统一的原则、理论联系实践原则、直观性原则、启发性原则、循序渐进原则、巩固性原则、可接受性原则、因材施教原则;教师对教育工作的信念有:理论和实践相结合原则,疏导原则,发扬积极因素、克服消极因素原则,严格要求与相互尊重相结合原则,在集体中教育原则,对教育目的的认识,对教师职业的信念。

教师教育信念分为传统的教育信念和开放的教育信念。判断教师教育信念的标准为：倾向于限制、保守、教师中心、强调规范的论点的教育信念为传统的教育信念；倾向于自由、开放、学生中心、发展导向的观点的教育信念为开放的教育信念。

通过对两个学段研修教师的个人研修作业和个人发帖数据进行统计分析，我们得出了新手、胜任、成熟三种类型教师教育信念水平，如图 3-13 所示。

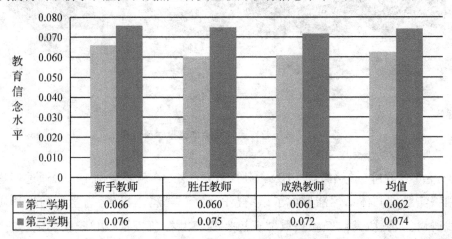

	新手教师	胜任教师	成熟教师	均值
第二学期	0.066	0.060	0.061	0.062
第三学期	0.076	0.075	0.072	0.074

图 3-13　三类教师群体总体的教育信念水平

由图 3-14 可以看出，三类教师群体在项目第三学期的教育信念水平相比第二学期均有提升。平台上的个人发帖数据和个人研修作业的内容分析数据显示，在第三学期新手教师的教育信念水平最高，胜任教师的教育信念水平几乎与新手教师持平，成熟教师略低于其他两类教师群体；与第二学期相比，三类教师群体的教育信念水平都有明显的上升，其中胜任教师的增幅最大，成熟教师其次。通过对研修教师实践性知识三级维度的编码分析发现，三类教师群体在启发性原则、循序渐进原则以及理论和实践相结合原则方面有比较明显的体现。具体来看，三类教师群体又各有特点。新手教师的教育信念主要体现在循序渐进原则，胜任教师的教育信念体现在理论和实践相结合原则，成熟教师体现在启发性原则。不同群体的教师都能充分意识到自身教育信念对教育教学的重要性，从而以科学的教学理念带动创新性教学研究的开展。

(1)初中组三类教师群体的教育信念水平

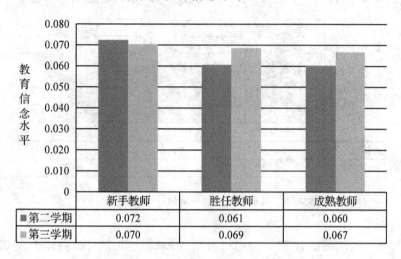

	新手教师	胜任教师	成熟教师
■第二学期	0.072	0.061	0.060
■第三学期	0.070	0.069	0.067

图 3-14　初中组三类教师群体的教育信念水平

由图 3-14 可以看出，在第三学期初中组新手教师的教育信念水平最高，胜任教师其次，成熟教师最低。对比第二学期的数据可知，胜任教师教育信念的提升最大，其次为成熟教师，新手教师略微下降。通过进一步分析，我们发现，新手教师的教育信念主要体现在循序渐进原则与启发性原则两个方面，胜任教师在理论和实践相结合原则和科学性和思想性统一的原则两个方面体现较为明显，成熟教师在启发性原则和发扬积极因素、克服消极因素原则两个方面有明显的体现。通过具体分析网络研修平台上的发帖数据发现，初中组的研修教师相对比较活跃，在网络研讨过程中大多从教学内容出发，与自身的教育理念进行联结，对于创新性教学方法的意义和作用有着比较深入的思考。

(2)高中组三类教师群体的教育信念水平

由图 3-15 可以看出，在第三学期高中组的胜任教师与新手教师的教育信念水平较高，成熟教师略低。对比第二学期的数据发现，三类教师群体的教育信念水平都有明显提升。其中，新手教师群体的教育信念水平提升

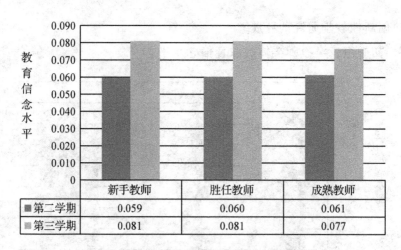

图 3-15　高中组三类教师群体的教育信念水平

最为明显，其次为胜任教师。通过分析网络活动和个人研修作业发现，高中组教师的教育信念在启发性原则和循序渐进原则上表现明显。研修教师在进行创新性教学设计的时候，注重从学生的实际情况出发，针对具体的教学问题和教学难点，进行循序渐进的改进尝试。

2. 对教师自我知识影响的分析

教师的自我知识包括自我角色意识、自我教学效能感、自我监控知识、更新和提高自身专业知识和技能的能力。具体来说，自我角色意识包括教师对其角色地位的认识能力、教师对角色职责和行为规范的执行力；自我教学效能感包括教师对课堂的控制感、教师对教学风格的自我认同感、教师对事业的积极情绪体验；自我监控知识包括教师对自己实际教学活动的事先计划和安排，教师对自己实际教学活动进行有意识的监察、评价和反馈，教师对自己的教学活动进行调节、校正和有意识的自我控制；更新和提高自身专业知识和技能的能力包括教师拓展自身专业知识的能力、教师更新自身技术知识的能力、教师参加专业发展活动的能力。因此，评价将围绕以上几个方面进行。

通过对两个学段研修教师的个人研修作业和个人发帖数据进行统计分析，新手、胜任、成熟三类教师群体的自我知识水平如图 3-17 所示。

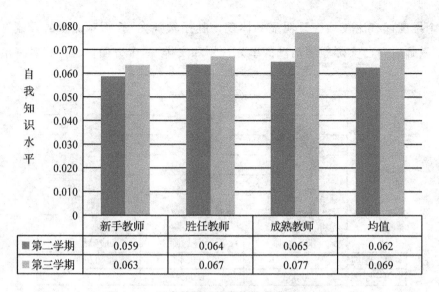

图 3-16　三类教师群体总体的自我知识水平

	新手教师	胜任教师	成熟教师	均值
■第二学期	0.059	0.064	0.065	0.062
■第三学期	0.063	0.067	0.077	0.069

通过观察图 3-16 发现，在第三学期成熟教师的自我知识水平最高，其次是胜任教师，新手教师最低。对比第二学期，三类教师群体的自我知识水平都有一定程度的提升。其中，成熟教师的增幅最大，新手教师次之。进一步分析发现，三类教师群体的自我知识中体现最为明显的是"教师对自己实际教学活动的事先计划和安排"方面，在"教师对教学风格的自我认同感"方面则体现较少。在研修活动中，教师对于创新性教学的开展都做出了积极有益的尝试，在线上线下针对教学中出现的问题进行分析和教学改进设计，取得了一定的成果，对于自身的教学特点有了更加客观的认识。

(1)初中组三类教师群体的自我知识水平

由图 3-17 发现，在第三学期初中组成熟教师的自我知识水平最高，其次为胜任教师，新手教师最低。对比第二学期的数据发现，初中组的三类教师群体在自我知识方面都有一定程度的提升，成熟教师的增幅最为明显，其次为新手教师。进一步分析研修教师的网络平台个人发帖数据和提交的个人研修作业发现，三类教师群体的自我知识在"教师对自己实际教学活动的事先计划和安排"方面体现最明显。除此之外，成熟教师的自我知识在多个维度都有比较均衡且明显的体现，胜任教师在"教师对课堂的控制感"和"教师对自己实际教学活动的事先计划和安排"两个方面体现得相对突出。

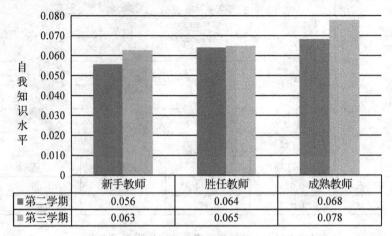

	新手教师	胜任教师	成熟教师
■第二学期	0.056	0.064	0.068
▨第三学期	0.063	0.065	0.078

图 3-17　初中组三类教师群体的自我知识水平

在开展的"创新性教学设计"活动中，初中组的教师积极地进行了有益的尝试。比如，北京教育学院附属丰台实验学校分校的安珊珊老师在"探究影响电流的因素"一课的设计中，打破了传统的教学思想，将重点放在了学生设计电路图、动手实验以及总结规律上。学生在积极主动地参与探究的全过程，真正成为课堂的主体，很好地体现了新课程"以学生为主体，以教师为主导"的教学理念。

(2)高中组三类教师群体的自我知识水平

由图 3-18 可以看到，在第三学期高中组成熟教师的自我知识水平最高，其次为胜任教师，新手教师最低。对比第二学期的数据可知，三类教师群体的自我知识水平在第三学期都有比较明显的提升，且成熟教师的增长幅度最为明显，胜任教师其次。通过进一步分析发现，在"教师对自己实际教学活动的事先计划和安排"与"教师更新自身技术知识的能力"两个方面体现得最为突出。在开展的网络活动"聚焦问题，优化创新课堂"中，高中组的研修教师纷纷举出课堂教学中的具体事件，对通过开放性问题引导学

生思考的方法进行了深入分析和研讨，反映出了研修教师对于创新性教学
设计的积极热情以及对教学活动的计划和安排能力。

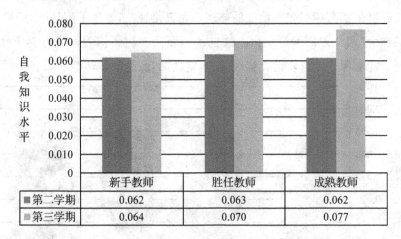

	新手教师	胜任教师	成熟教师
▩第二学期	0.062	0.063	0.062
▩第三学期	0.064	0.070	0.077

图 3-18　高中组三类教师群体的自我知识水平

3. 对教师人际知识影响的分析

教师的人际知识包括教师与家长的关系、教师与学生的关系、教师与
同事的关系、教师与领导的关系。具体来说，教师与家长的关系包括与家
长平等相处的能力、利用合理技术与家长沟通的能力、与家长的感情疏通
能力；教师与学生的关系包括对学生了解的能力、处理学生之间关系的能
力、教学沟通的能力；教师与同事的关系包括与同事的情感沟通能力、与
同事互助协作的能力、与同事的协商能力；教师与领导的关系包括与领导
的沟通能力。教师与学生的关系具有这样的特征：教师不仅是向学生传授
知识，而且是以一种个人的方式体现自己所传授的知识。因此，教师在与
学生交往时会通过身体力行表达自己对某些人际交往原则（公平、公正、分
寸、默契等）的理解。教师的人际知识还反映在课堂管理中，包括对学生群
体动力的把握、班级管理惯例、体态语、教室的布置等。

由图 3-19 可以看出，在第三学期成熟教师的人际知识水平最高，其次为胜
任教师，新手教师最低。对比第二学期的数据可知，三类教师群体的人际知识

水平都有了一定幅度的提升。其中，成熟教师的增幅最为明显，其次是胜任教师。通过对实践性知识三级维度的编码分析发现，在"教师与学生的关系"方面，三类教师群体都有相对较为明显的体现，尤其是在"对学生了解的能力"和"教学沟通的能力"两个方面最为突出。这也从侧面反映出研修教师进行创新性教学设计时，能够深入了解学情，实现"以学定教"的课堂教学转型。

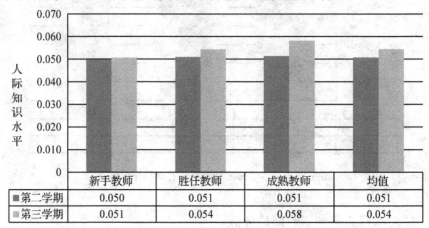

	新手教师	胜任教师	成熟教师	均值
■第二学期	0.050	0.051	0.051	0.051
■第三学期	0.051	0.054	0.058	0.054

图 3-19　三类教师群体总体的人际知识水平

（1）初中组三类教师群体的人际知识水平

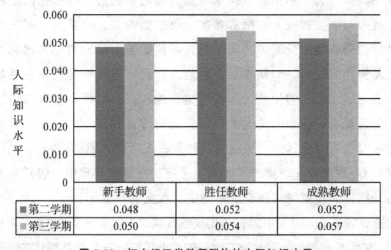

	新手教师	胜任教师	成熟教师
■第二学期	0.048	0.052	0.052
■第三学期	0.050	0.054	0.057

图 3-20　初中组三类教师群体的人际知识水平

由图 3-20 可以看出，在第三学期初中组成熟教师的人际知识水平最高，其次是胜任教师，新手教师最低。对比第二学期的数据可知，三类教师群体的人际知识都有了一定幅度的增长，成熟教师的增幅最大，胜任教师和新手教师增长水平相当。通过对数据的进一步分析发现，三类教师群体在"对学生了解的能力""教学沟通的能力"和"与同事的情感沟通能力"上体现得较为明显。此外，成熟教师群体所体现出的人际知识类型相对丰富且均衡。

通过分析研修教师的网络发帖数据和个人研修作业发现，初中组的研修教师非常注重从学生的实际情况出发，选择贴近学生生活的教学内容和利于学生接受的教学方法。在创新性教学设计的活动中，初中组的研修教师都从学生认知特点、已有知识等不同方面进行了相对全面的学习者分析，体现了较强的与学生进行沟通的能力。

(2)高中组三类教师群体的人际知识水平

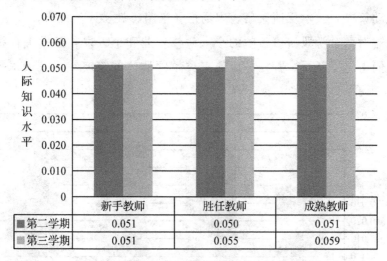

图 3-21　高中组三类教师群体的人际知识水平

由图 3-21 可以看出，在第三学期高中组成熟教师的人际知识水平最高，胜任教师其次，新手教师最低。对比第二学期的数据可知，整体来看，高中组研修教师的人际知识水平有一定程度的提升。其中，成熟教师提升最为明显，胜任教师其次，新手教师的人际知识水平与第二学期持平。通过对数据的进一步分析发现，新手教师注重了解学生的实际情况及学习需求，在"对学生了解的能力"方面体现得较为明显；胜任教师在"教学沟通的能力"上体现得较为明显；成熟教师的人际知识在多个维度都采集到较高的数据。

4. 对教师策略知识影响的分析

教师的策略知识主要指教师在教学活动中表现出来的对理论性知识的理解和把握，主要基于教师个人的经验和思考。教师的策略知识包括教学准备的策略、教学实施的策略、教学监控的策略。具体来说，教学准备的策略包括教学目标分析策略、教学主体分析策略、教学材料的选择策略、具有运用信息技术手段的意识和选择能力；教学实施的策略包括积极学习心态的维持策略、教学内容的传输与加工策略、认知指导策略、课堂秩序管理策略、信息技术与课程整合能力；教学监控的策略包括主体自控策略、课堂互动策略、教学反馈策略、现场指导策略、教学评价策略。

通过对两个学段研修教师的个人研修作业和个人发帖数据进行统计分析，我们得出了新手、胜任、成熟三类教师群体的策略知识发展水平，如图 3-22 所示。

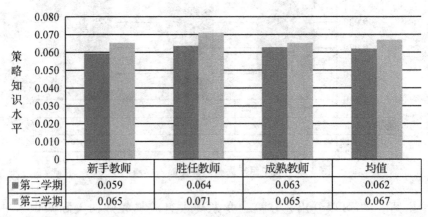

	新手教师	胜任教师	成熟教师	均值
■第二学期	0.059	0.064	0.063	0.062
■第三学期	0.065	0.071	0.065	0.067

图 3-22　三类教师群体总体的策略知识水平

由图 3-22 可以看出，在第三学期胜任教师的策略知识水平最高，成熟教师和新手教师的水平持平。对比第二学期的数据可知，三类教师群体的策略知识水平都有一定程度的提升。其中，胜任教师的策略知识水平增幅最高，其次为新手教师。对数据进一步分析发现，三类教师群体在"教学实施的策略"方面有较为明显的体现。其中，"教学内容的传输与加工策略"和"认知指导策略"体现得最多。而在"具有运用信息技术手段的意识和选择能力"和"信息技术与课程整合能力"两方面，三类教师群体都有很大的提升空间。

（1）初中组三类教师群体的策略知识水平

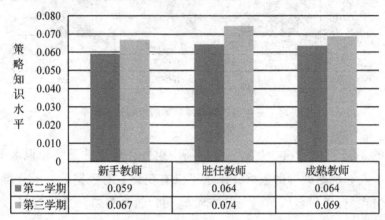

图 3-23　初中组三类教师群体的策略知识水平

从图 3-23 中可以看出，在第三学期初中组胜任教师的策略知识水平最高，成熟教师其次，新手教师最低。对比第二学期的数据可知，初中组的三类教师群体的策略知识水平都有明显提升，胜任教师的增幅最大，其次为新手教师。对数据进一步分析发现，新手教师的策略知识主要体现在"教学实施的策略"中的"教学内容的传输与加工策略"和"认知指导策略"两个方面，而在"教学准备的策略"和"教学监控的策略"两个方面还有比较大的提升空间。胜任教师在"教学准备的策略"和"教学实施的策略"上都有比较明显的体现，尤其在"教学主体分析策略""教学内容的传输与加工策略""积极学习心态的维持策略"和"认知指导策略"几个方面体现得较多。这说明本阶段的研修特别是"教学方法与教学策略的创新研讨"的面授培训对提高教师研修成果的教学策略水平具有较为显著的效果。

(2)高中组三类教师群体的策略知识水平

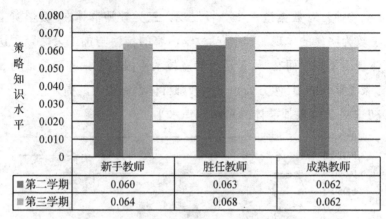

	新手教师	胜任教师	成熟教师
■第二学期	0.060	0.063	0.062
■第三学期	0.064	0.068	0.062

图3-24 高中组三类教师群体的策略知识水平

由图 3-24 可以看出，在第三学期高中组胜任教师的策略知识水平最高且增幅最大，成熟教师的策略知识水平没有变化。对数据进一步分析发现，策略知识在"教学内容的传输与加工策略"和"教学材料的选择策略"两个方面有较为明显的体现，而在"教学监控的策略"方面采集到的数据较少。在开展的"我的教学微创新"活动中，北京市丰台区第二中学的马磊老师在"万有引力定律"一课中，对原有教学内容进行了增删，在原来的只推导万有引力的表达式的基础上增加发现过程的学史、增加月地检验的过程。这既展现了科学发展过程中科学家富有创造而严谨的科学思维，给学生树立了科学研修的典范，又承上启下地联结了前后的知识要点。

5. 对教师情境知识影响的评价

教师的情境知识主要通过教师的教学机智反映出来。教学机智是教师做瞬间判断和迅速决定时自然展现的一种行为倾向。它依赖教师对情境的敏感(根据情境的细微差异调节自己的实践原则)、思维的敏捷、认知的灵活性、判断的准确、对学生的感知、行为的变通等。它不是一种按步骤、分阶段的逻辑认识过程，也不是一种简单的感觉或无意识的行为，而是教师直觉、灵感、顿悟和想象力的即兴发挥，在一瞬间把握事物的本质；同时表达了教师对学生的深切关注，是"有心"（thoughtful））与"无意"（thoughtless)的巧妙结合。教学机智帮助教师克服理论与实践之间的分离，反思与行动同时发生。

教学机智一般来说无法短时间提高，它需要教师随着理论水平的提高和实践经验的积累才会提高。教师的情境知识包括处理课堂教学突发事件机智、优化课堂教学过程机智。具体来说，处理课堂教学突发事件机智包括处理教学疑难机智、处理教师自身失误机智；优化课堂教学过程机智包括教学结构的布局机智、教学节奏的调控机智、教学气氛的创设机智。因此，评价将围绕以上几个方面进行。

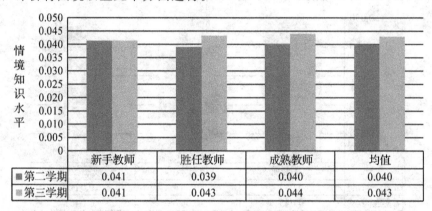

情境知识水平	新手教师	胜任教师	成熟教师	均值
第二学期	0.041	0.039	0.040	0.040
第三学期	0.041	0.043	0.044	0.043

图 3-25　三类教师群体总体的情境知识水平

根据图 3-25 可以看出，在第三学期成熟教师的情境知识水平最高，其次为胜任教师，最低为新手教师。对比第二学期的数据可知，三类教师群体的情境知识水平都有一定程度的提升。其中，成熟教师的增幅与胜任教师相当。对数据进一步分析发现，三类教师群体的网络平台个人发帖数据和提交的个人研修作业在情境知识的各个维度中都有一定程度的体现，在"教学结构的布局机智"中体现得最为明显。其中，胜任教师在"教学节奏的调控机智"方面采集到比另外两类教师群体更多的数据，体现出胜任教师把握教学重难点的能力与处理课堂突发事件时的教学机智。

(1)初中组三类教师群体的情境知识水平

从图 3-26 中可以看出，在第三学期初中组胜任教师的情境知识水平最高，成熟教师其次，新手教师最低。对比第二学期的数据发现，胜任教师的情境知识水平增幅最大，其次为成熟教师，新手教师则与上一学期持平。对数据进一步分析发现，新手教师的情境知识主要体现在"优化课堂教学过程机智"方面，在"处理课堂教学突发事件机智"方面体现得较少。胜任教师的情境知识主要体现在"处理教学疑难机智""教学节奏的调控机智"和"教学气氛的创设机智"三个方面。成熟教师在"处理教学疑难机智""教学结构的布局机智"和"教学气氛的创设机智"三个方面体现得较多。

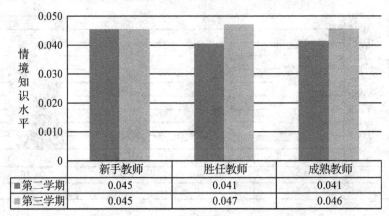

图 3-26　初中组三类教师群体的情境知识水平

(2)高中组三类教师群体的情境知识水平

从图 3-27 中可以看出，在第三学期高中组成熟教师的情境知识水平最高，其次为胜任教师，最后为新手教师。对比第二学期的数据可知，成熟教师的情境知识水平增幅最大，其次为新手教师。对数据进一步分析发现，高中组三类教师群体的情境知识结构相似，在"优化课堂教学过程机智"方面体现得较为明显，尤其是"教学结构的布局机智"上体现得最为突出，体现出研修教师注重通过优化改进课堂教学环节来提高课堂的实效性。在"处理课堂教学突发事件机智"方面，高中组的研修教师还有很大的提升空间。

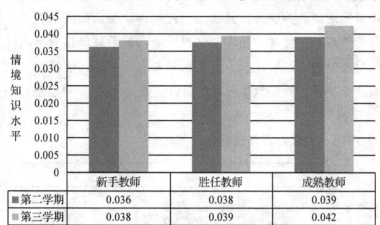

	新手教师	胜任教师	成熟教师
■第二学期	0.036	0.038	0.039
第三学期	0.038	0.039	0.042

图 3-27　高中组三类教师群体的情境知识水平

6. 对教师反思知识影响的评价

教师的反思是一种实践取向的反思，表现为"对实践反思，在实践中反思，为实践反思"。教师可以用语言描述自己的行为和思考，也可以对自己的经验进行系统梳理，甚至对自己反思的方式进行反思。

教师的反思知识分为 7 个层级：简单呈现层、简单描述层、专业描述层、初级解释层、高级解释层、综合分析层、批判反思层。

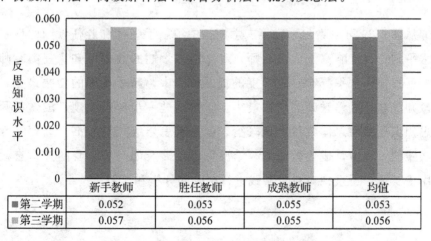

	新手教师	胜任教师	成熟教师	均值
■第二学期	0.052	0.053	0.055	0.053
第三学期	0.057	0.056	0.055	0.056

图 3-28　三类教师群体总体的反思知识水平

通过图 3-28 可以看出，在第三学期新手教师的反思知识水平最高且对比上学期数据增幅最为明显，其次为胜任教师，最后为成熟教师。对数据进一步分析发现，在尝试创新实践的过程中，新手教师最为活跃，在积极尝试的同时不断进行回顾反思，且反思质量有所提升，达到"专业描述层"的比例有明显提升。胜任教师的反思知识主要集中在"简单呈现层"和"简单描述层"。

（1）初中组三类教师群体的反思知识水平

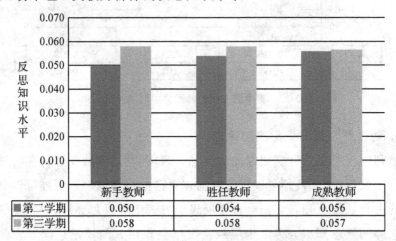

图 3-29　初中组三类教师群体的反思知识水平

从图 3-29 可以看出，在第三学期初中组新手教师和胜任教师的反思知识水平相当，且略高于成熟教师。对比第二学期的数据可知，三类教师群体的反思知识水平都有一定幅度的提升。其中，新手教师的增幅最大，胜任教师次之，成熟教师的增幅最小。对数据进一步分析发现，成熟教师的反思知识虽然在总体数量上比较少，但是反思层级相对较高。在创新性教学实践的过程中，成熟教师的教学反思不仅涉及如何将自身的知识有效地运用于实践，还重视对自身实践进行深入的分析和诠释。

（2）高中组三类教师群体的反思知识水平

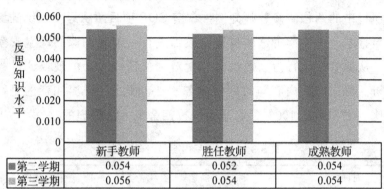

	新手教师	胜任教师	成熟教师
■第二学期	0.054	0.052	0.054
第三学期	0.056	0.054	0.054

图 3-30　高中组三类教师群体的反思知识水平

从图 3-30 可以看出，在第三学期高中组新手教师的反思知识水平最高，胜任教师与成熟教师相当，且略低于新手教师。对比第二学期的数据可知，高中组三类教师群体的反思知识水平都有一定幅度的提升。其中，新手教师和胜任教师的增幅相当，成熟教师与上一学期持平。在网络平台活动"聚焦问题，优化创新课堂"中，研修教师回顾自身课堂提问中的批判性问题和创造性问题，对其问题质量和对学生思维引导的结果都做出有益的反思。从内容分析得到的数据来看，少数新手教师在个人发帖数据中体现出的反思知识水平达到了专业描述层，能够应用教育学术语描述事件和经历；成熟教师能够做到相对深刻的反思，能够利用相对专业的教育教学术语描述课堂中发生的事件。

3.2.3　基于教育大数据的物理教学微创新实践

在对"合作探究"和"科学思维"两个专题教学的痛点、难点进行研讨的基础上，研修教师分别以一节课为载体开展了一系列的创新性教学实践。其具体包括：研修教师个人分专题进行创新性教学方案的设计；以同侪互助的方式分组进行创新性教学方案的评价；综合他人的建议进行修改完善，进行实践；将创新性教学的收获与反思进行梳理，最终形成教学微创新大赛的作品。

以项目中的两位研修教师为例,靠谱 COP 项目团队运用系统的课堂观察方法与技术,每学期对这两位研修教师进行一节现场课的课堂观察与诊断分析,从课堂教学行为大数据的角度对两位研修教师的现场课进行数据对比分析。对比课程内容与时间安排如表 3-3 所示。需要注意的是,本部分数据比例之和不是 100% 的,是由于按四舍五入法处理的。

表 3-3　对比课程内容与时间安排

时间	马磊老师	朱静老师
2017 年 12 月 20 日	重力势能	动能
2018 年 5 月 24 日	向心力	向心力
2018 年 11 月 22 日	动量定理	探究碰撞过程中的不变量

1. S-T 维度的变化——师生互动频率的提升

通过比较分析发现,两位教师的授课类型多为混合型,师生行为的转换率稳定上升。这证明教师重视师生的对话交流,教师行为的占有率略有降低,学生的主体性得到了更好的体现。两位教师的 Rt-Ch 分析对比如图 3-31 所示。

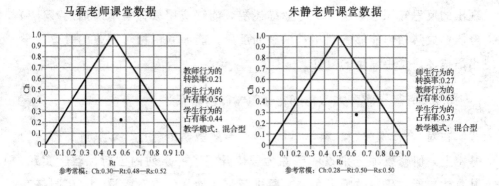

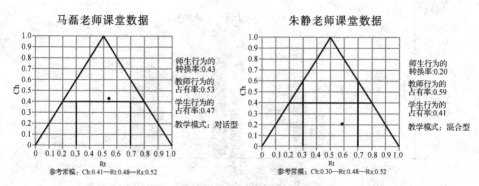

图 3-31　两位教师的 **Rt-Ch** 分析对比

2. 问题类型的变化——注重学生逻辑推理能力的培养

通过分别对比两位教师三次授课过程中提出问题的类型的变化情况可以发现，记忆性问题的比例有所降低，说明针对记忆性问题的提问与回答逐步减少；推理性问题的比例有所增加，说明教师更加注重学生推理、探究等逻辑思维的培养。两位教师的提出问题的类型分析如图 3-32 和图 3-33 所示。

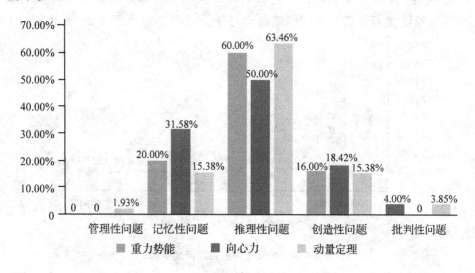

图 3-32　马磊老师的提出问题的类型数据

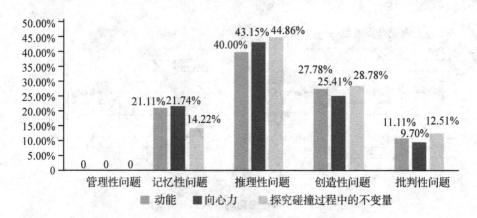

图 3-33　朱静老师的提出问题的类型数据

3. 四何问题的变化——学生高阶思维的培养得到重视

通过分别对比两位教师三次授课过程中四何问题的变化情况可以发现，针对事实性知识的是何问题的比例逐步降低，如何问题及若何问题的比例显著增加。这说明教师比较注重培养学生的方法策略性知识，并通过情境的迁移拓展培养学生创造性知识获取的逻辑思维能力；课堂中较注重学生的高阶思维发展。两位教师的四何问题分析如图 3-34 和图 3-35 所示。

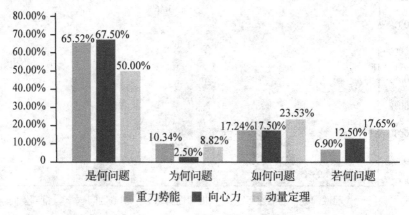

图 3-34　马磊老师的四何问题数据

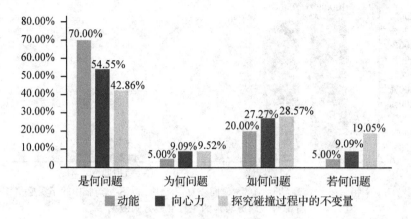

图 3-35　朱静老师的四何问题数据

4. 课堂气氛的变化——师生关系更为融洽

通过分别对比两位教师三次授课过程中教师回应方式、教师挑选回答问题的方式和教师回应态度的情况可以发现，肯定回应的比例降低，教师回应态度的类型增加。非言语回应的比例有所增加，表明教师更加重视在课堂中营造和谐融洽的师生关系。两位教师的教师回应方式、教师挑选回答问题的方式和教师回应态度分析如图 3-36 至图 3-41 所示。

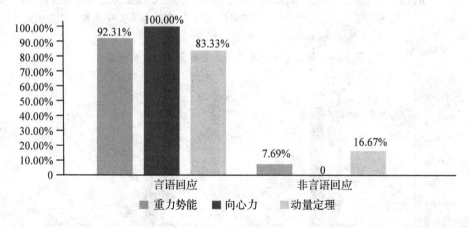

图 3-36　马磊老师的教师回应方式数据

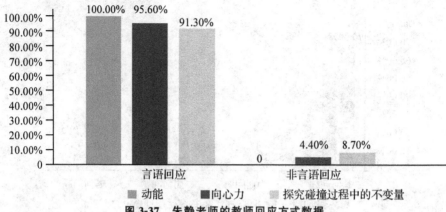

图 3-37　朱静老师的教师回应方式数据

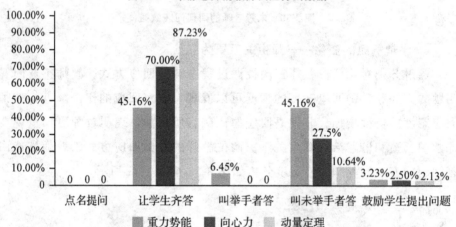

图 3-38　马磊老师的教师挑选回答问题的方式数据

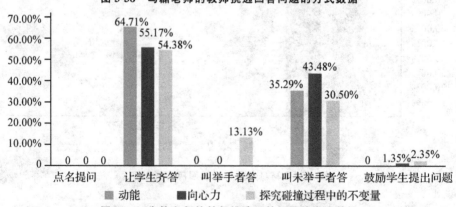

图 3-39　朱静老师的教师挑选回答问题的方式数据

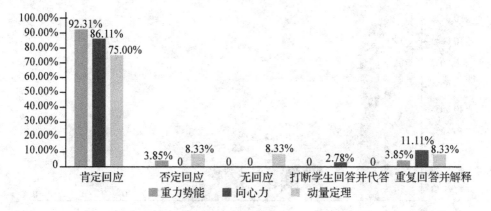

图 3-40　马磊老师的教师回应态度数据

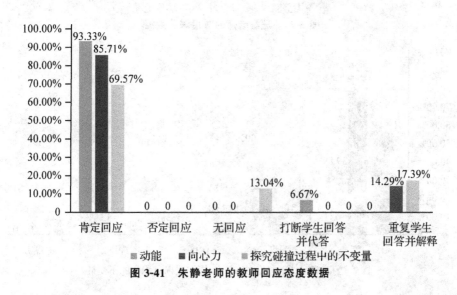

图 3-41　朱静老师的教师回应态度数据

5. 互动交流的变化——师生交流深度增加

通过分别对比两位教师三次授课过程中对话深度和学生回答方式情况可以发现，深度二、深度三和深度四的比例有所上升，说明研修教师能够通过问题链的设计，提高师生之间的对话深度，并利用恰当的追问，深化学生对相关内容的理解，帮助学生建立问题意识，提高解决问题的能力。两位教师的对话深度和学生回答方式分析如图 3-42 至图 3-45 所示。

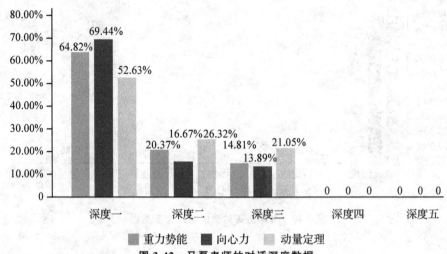

图 3-42　马磊老师的对话深度数据

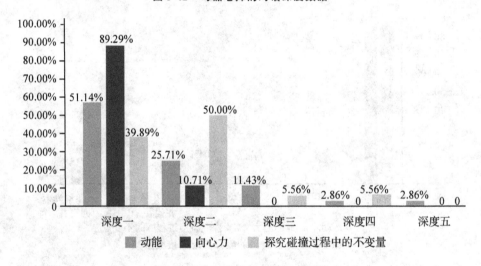

图 3-43　朱静老师的对话深度数据

　　通过数据对比分析发现，马磊老师在授课中的微创新体现为四个方面：
①通过情境教学法、实验法、观察法等增加学生的经历和体验，让学生在
大量的现象和事例中获得丰富的感性认识。在"向心力"这节课中，每位学
生手中有一个拴着细绳的小球，随意挥动细绳让小球做圆周运动时，感受

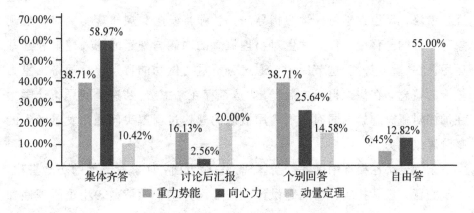

图 3-44 马磊老师的学生回答方式数据

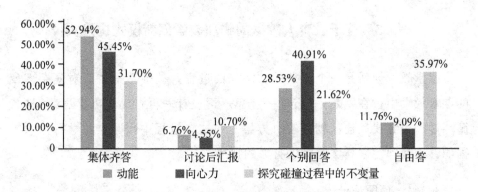

图 3-45 朱静老师的学生回答方式数据

向心力的影响因素；在"动量定理"这节课中，教师引入室内百米赛跑和极限运动的视频，让学生在视频的冲击下感受巨大的缓冲作用。②加强小组合作，强化探究过程。在"向心力"这节课中，学生分小组对向心力的影响因素进行探究，并在小组讨论之后进行汇报。③通过类比、建模、推理、抽象概括等方法的学习运用，学生明确新旧概念之间的逻辑联系，在已有概念的基础上建立新概念。在"动量定理"这节课中，教师将新概念与已有概念进行联结，让学生发现已有概念动能定理与新概念动量定理是力在空间和时间上的累积效应，将概念升华到物理观念的层次。④通过练习策略、迁移策略、反思性学习、学习指导法，教师将概念和规律落实到对物理现象和过程的诠释中，促进学生对物理概念的内涵与外延的深入理解和迁移运用。在"重力势能"这节课中，通过分析重力做功的特点，教师得出重力势能的概念，在概念得出之后抛出"是否存在摩擦势能"这个问题，让学生在加深对概念理解的同时，去利用概念的建构过程解决问题，发展学生的高阶思维能力。

朱静老师在授课中的微创新体现为三个方面：①教学支架的巧妙搭建，步步为营，教学扎实；②问题设计、任务设计基于学情；③注重原理性知识、方法策略及迁移性知识的获取，培养学生的高阶思维。

3.3　基于教育大数据的物理教学创新模式构建

课堂教学创新是一个复杂的、漫长的过程。教师总是在面对复杂多变的课堂教学中，在"设计—行动—反思—再设计—再行动—再反思"的迭代循环过程中寻找最佳的创新解决方案。在这个过程中，课堂教学行为大数据能够为教师的创新实践提供有力的抓手。

3.3.1　顶层设计

基于课堂教学行为大数据的创新性教学研究项目以教学创新模型为理论指导，让教师通过对经验的反思得到专业发展。因此，基于教育大数据的物理教学创新模式构建应遵循经验学习理论。

经验学习理论提出，经验学习以学习者的具体工作情境为切入点，让学习者经过经验积累、经验反思和经验总结实现经验创新与发展，最终指导实践。它将经验学习看作是一个由具体经验获取、反思性观察、抽象概括和积极实践四个阶段组成的循环学习过程。

　　靠谱COP项目团队基于库伯的经验学习模式及日本学者野中郁次郎和竹内弘高提出的学习型组织知识转换SECI模型，提出了教师网络研修活动设计的三层模型。[7]然而，通过对丰台区物理教师基于教育大数据的教学创新模式的探索发现，教学创新这一过程实质上是基于某一主题的研修活动。因此，我们在教师网络研修活动设计的三层模型的基础上提出了基于教育大数据的物理教学创新模式，如图3-46所示。

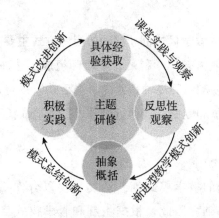

图3-46　基于教育大数据的物理教学创新模式

　　图3-46表明，基于教育大数据的物理教学模式创新要基于现实物理教学、教研中某一突出问题（这里我们称为"主题研修"，可以是物理学科核心素养问题，也可以是不同阶段学生学习问题等），以教师的学习为主线，进行教学模式创新探索。在这一循环学习过程中，具体经验获取阶段是基于课堂教学行为大数据的经验抽取，并在此基础上进行课堂教学行为数据的反思活动。这个反思活动又区别于经验学习模式中的反思性观察环节，因为当堂的反思活动是碎片化的。渐进式教学模式创新活动是在总结碎片化反思活动的基础上尝试概括大数据的规律性问题。因此，渐进式教学模式创新活动介于反思性观察与抽象概括之间。教师的实践性知识的学习是在实践基础上，通过总结再回归实践的过程。因此，在抽象概括的基础上，教师还需要对渐进型教学模式创新点进行总结提升，使之成为适应个别案

例的教学创新模式，然后再通过积极实践阶段将教学模式改进完善，使之成为具有适应某一主题的创新性教学模式。

3.3.2 实践活动要素设计

基于教育大数据的教学模式创新活动的行动实践要素包含组织方式、角色分工、活动方式、活动规则及评估方法五个方面。

1. 组织方式

基于教育大数据的教学模式创新活动的组织方式主要有两种：一种是基于校本研修的活动，一般由某个学科的骨干教师组成。这种组织方式较为常见，因此在校内实施比较便利。另一种是区内研修活动，参与人员是整个区内所有该学科教师以及教研员和专家。这种组织方式主要是依托示范课进行的区域性研修活动。

2. 角色分工

基于教育大数据的教学模式创新活动主要以合作活动为主，角色分工是合作学习活动的基础。因此，根据主题和教学模式目标清晰划分每个合作教师的角色和职责，是基于教育大数据的教学模式创新活动的一个重要环节。以物理学科教学模式创新的探讨为例，该研讨活动的角色分工有组织者、教学研究者、教学实践者、教育专家及助学者。其中，教学研究者和教学实践者可以是同一教师，也可以是不同教师。

3. 活动方式

活动方式是指校本研修与区域研修的线上、线下活动的策略与流程。一个活动可以由若干个子活动构成，这些子活动不仅是线性排列的，也可能存在串行、并行、循环等多种排列情况。教师研修活动甚至可以是嵌套或迭代的，即一个活动包含一个或若干个活动。这样的活动排列给活动设计带来了灵活性，如表 3-4 所示。

表 3-4　教师研修活动的基本排列形式

排列名称	描述	流程图	举例
顺序型	当两个或更多的研修活动任务之间存在依赖关系时，子活动有序地进行，即前一个活动完成之后，后一个活动开始	活动1 → 活动2 → 活动3	案例观摩后，进行案例研讨，随后进行具体经验分享
同步型	当两个并行活动任务都完成后，下一个活动才能开始执行	活动1、活动2 → 均完成 → 活动3	分组研讨均完成后进行组间交流与评价活动
分支型	当条件满足时则进入一个活动，否则进入另一个活动	活动1 → 条件（满足→活动2；不满足→活动3）	共同体成员进行案例分享后，当80%的成员之间有过互动时则进入同侪互助活动，否则进入案例再研讨活动
循环型	对同一研修活动多次重复执行	活动1 → 条件（不满足返回；→活动2）	对系列主题进行研讨，每个主题研讨活动结束后，进入下一个主题研讨，直到所有的主题研讨完成

4. 活动规则

活动规则是指在基于教育大数据的教学模式创新活动中研修教师所共同遵守的行为规范。由于该活动是创新活动，因此采用类似"头脑风暴"的活动规则，主持人以明确的方式向所有研修教师阐明主题，说明研讨规则，尽力创设融洽轻松的研讨氛围；主持人一般不发表意见，以免影响研讨的自由气氛，由研修教师自由提出尽可能多的方案。

5. 评估方法

基于教育大数据的教学模式创新活动的目标是通过教师共同参与共享以及发展学科团队教师的实践性知识，改进教师的教学实践行为，形成普遍适用的学科教学模式。因此，评估方法采用真实性评估。

3.3.3　实践活动设计原则

为了使基于教育大数据的教学模式创新活动能够有效地促进教师实践性知识的发展和教学模式的建构，活动设计需要遵循以下基本原则。

1. 以真实课堂教学问题为向导

巴拉布·S. A.（Barab S. A.）和达菲·T. M.（Duffy T. M.）指出，教师专业学习活动设计应该将重点放在为教师专业学习创造合适的活动体验与经验积累上；所有的教师专业学习活动必须是真实的。[8]只有这样，所进行的教学模式创新活动才是基于真实情境的，使得教学模式容易推广到更大范围，使学生受益。

2. 重视教师的反思活动

美国著名的教育心理学家波斯纳（Posner）指出了教师的成长公式：成长＝经验＋反思，将反思作为联系教师先前的教学经验与今后的教学行为改进之间的桥梁。因此，教师应作为反思性实践者，基于多种反思方法，设计多种形式的个体及校本反思活动。[9]

3. 开展真实性评估

所谓真实性评估是指一种在真实的教学情境中评估教师的能力以及知

识、技巧与态度的方式。[10]真实性评估是一种面向能力的形成性评估，是一种提升反思力的评估，它倡导评估即学习的评估理念。[11]

真实性评估能够诊断与回应教师研修活动中的直接学习需求，能够识别出成功的教学设计案例，能够支持参加研修的教师针对所涉及的实际问题，运用新的解决策略模型获取经验，并由此开展更深入的新的实践。

【本章参考文献】

[1] 向奎. 深度剖析高中物理课堂教学的创新性[J]. 中国校外教育，2019(23).

[2]中华人民共和国教育部. 普通高中物理课程标准(2017 年版 2020 年修订)[M]. 北京：人民教育出版社，2020.

[3][美]布鲁纳. 教育过程[M]. 邵瑞珍，译. 北京：文化教育出版社，1982.

[4][6] 拜成鑫. 摆脱枯燥 创新思路——新时期高中物理教学新思路[J]. 课程教育研究，2019(26).

[5]张娟. 关于初中物理教学现状与对策探究[J]. 课程教育研究，2018(44).

[7]王陆，张敏霞，杨卉. 教师在线实践社区(TOPIC)中教师策略性知识的发展与变化[J]. 远程教育杂志，2011(4).

[8] Barab S. A. & Duffy T. M. From Practice Fields to Communities of Practice. [M] // JonassonD. & Land S. Theoretical Foundations of Learning Environments. Mahwah，NJ：Lawrence Erlbaum Associates，2000.

[9] Gould N. & Baldwin M. Social Work，Critical Reflection，and the Learning Organization[M]. Aldershot：Ashgate Publishing，2004.

[10] Gulikers J. T. M.，Bastiaens T. J.，&Kirschner P. A. A Five-dimensional Framework for Authentic Assessment[J]. ETR & D，2004(3).

[11]王陆，杨卉. 基于真实性评估的教师专业学习与培训[J]. 电化教育研究，2010(10).

第4章　基于教育大数据的英语教学研究与实践

21世纪的教师不但要是"教的专家"，同时也必须成为"学的专家"。诚然，新课程改革要求教师从单纯的"教书匠"转变为自觉的"研究者"、主动的"实践者"和严肃的"反思者"。课堂教学是教师工作和学习的主阵地，教师的个人专业成长也必然不能脱离课堂教学。由于课堂教学行为具有复杂性、情境性和实践性，教师在对其进行改进提升时常会遇到各种各样的困难与疑惑。

4.1　案例剖析

4.1.1　案例：立足教育大数据，深挖核心素养，助力区域教与研

1. 教师简介

本案例的主人公是来自北京教育学院丰台分院的小学英语教研员孔燕君老师，参加北京教育学院丰台分院靠谱 COP 项目的时间为 1.5 年。孔燕君老师在这期间，在"北京市小学英语骨干教师（含教研员）国际研修项目"优秀录像课评优活动中指导的大猫英语分级阅读课获得一等奖；在中国教师研修网组织的"三亚市小学英语学科基于目标教学改进区域校本研修项目"中担任指导专家；主讲的"用英语传播中华优秀传统文化"网络课程视频及文本资料，被教育部"国培计划（2019）"远程项目录用；撰写的《以支架理论优化小学英语阅读教学，提高小学生阅读素养》获得北京市 2018—2019

学年度基础教育科学研究优秀论文二等奖；主编并出版《小学英语话题教学研究》一书。

区域教研活动是为学科发展指明方向、为教师专业发展拓宽道路的一种有效途径。传统区域教研活动往往流于形式，基于课堂教学评价的教研活动往往是"你好、我好、大家好"，缺乏教研的目的性与针对性，很难从区域性教研活动中发现真实教学情境存在的问题。

孔燕君老师结合 2017 年教育部出台的高中英语课程标准对英语学科核心素养的描述，针对小学英语教学现状，将北京市丰台区英语教研活动所关注的教学目标从综合语言运用能力转向英语学科核心素养（其中综合语言运用能力是由 2011 年版义务教育英语课程标准提出的）。在小学阶段，语言能力素养是基础，在此基础上培养学生的文化意识、思维品质和学习能力，是小学阶段英语学科教学的重点内容。

为摒弃原有感性评价教学的弊端，在区域性英语教学研究过程中，我们基于教学形成的教育大数据，结合课堂教学所需培养的核心素养问题，对教学形成量化评价，并在此基础上提出相应对策来反馈教学活动。经过一学期的实践尝试，利用教育大数据能够发现问题、找出优势、形成问题解决路径。下面以语言能力、文化知识与思维品质核心素养的培养为例进行分析。

2. 语言能力核心素养的改进路径

丰台区学生长期存在发音不准确、缺乏美感等问题，为改变这一现状，靠谱 COP 项目团队开展了以数据为支撑的区域小学英语原声输入的数据调研，包括原声输入时长、原声输入次数、学生跟读时长、学生跟读次数、学生朗读时长和学生朗读次数六个维度。其中原声输入时长是指一节课内教师通过计算机等设备向学生播放音视频的时间长度；原声输入次数是指一节课内教师通过计算机等设备向学生播放音视频的频数；学生跟读时长是指一节课内听到教师播放的音视频，学生跟随朗读的时间长度；学生跟读次数是指一节课内听到教师播放的音视频，学生跟随朗读的频数；学生朗读时长是指一节课内根据音视频的文字内容，学生自主公开进行朗读的时间长度；学生朗读次数是指一节课内根据音视频的文字内容，学生自主公开进行朗读的频数。调研数据如图 4-1 和图 4-2 所示。

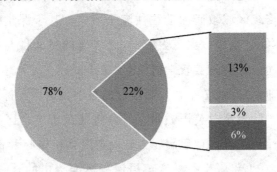

■ 其他时间　■ 原声输入时长的平均值　■ 学生跟读时长的平均值　■ 学生朗读时长的平均值

图 4-1　各类时长的平均值比例

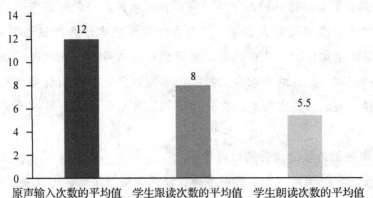

图 4-2　各类次数的平均值

通过数据调研发现，原声输入次数、学生跟读次数、学生朗读次数的平均值都不尽满意，究其原因，主要有以下几个方面。

①传统教学理念还没有得到根本的转变，教师关注教仍然多于关注学。

②课堂教学模式化、表层化、程式化。

③内容教学呈碎片化状态，缺乏整合，难以使学生形成能力。

④忽视对主题情境的创设和对主题意义的深层探究，导致思维培养缺失。

⑤缺乏针对语篇文本的深入分析和文章主线的挖掘。

⑥语言原声输入量的缺失，导致语感的缺乏，从而缺少了真正的感悟语言美的机会。

从调查所发现的问题和语言学习的规律来看，课堂教学中教师教学理念问题导致教学模式、教学内容、教学情境的固化。因此，在区域教研活动中，应首先从理论学习入手，破解传统教学观念对课堂教学的影响，并进一步提高原声输入时长的比例。

3. 文化知识与思维品质核心素养的改进路径

随着核心素养的落实，英语课程内容与教学方式正在发生变化。从原有的以知识为核心的翻译法到以能力为核心的交际教学法，再到以素养为核心的整体语言教学与深度学习，这一系列的改变也注定着课堂教学行为发生变化。为了找出差距，针对丰台区英语教学中师生行为的转换率、有效性提问和对话深度三个方面进行了大数据统计，并与全国小学文科常模进行对比，如图 4-3 所示。

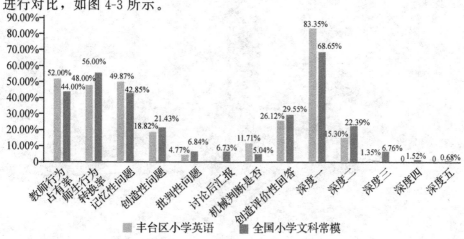

图 4-3　丰台区小学英语与全国小学文科常模对比

对比全国小学文科常模可知，丰台区师生行为的转换率较高；记忆性问题稍显过多，应该多一些创造性问题和批判性问题；学生的创造评价性回答相对较少，说明课堂中学生活动的思维深度还可以提升。在对话深度方面，缺少深度三以上的对话交流，说明了教师要有文本分析能力，教师针对语篇找到主题意义或者话题主线进行深度分析的能力需要提升。

为解决这些问题，丰台区通过教研活动，确定以主题意义探究为目的，以语篇为载体，在理解和表达的语言实践活动中，融合知识学习和技能发展，通过感知、预测、获取、分析、概括、比较、评价、创新等思维活动，建构学生的结构化知识；在分析问题和解决问题的过程中，发展学生的思维品质，让学生形成文化理解，学会学习，树立正确的人生观和价值观，促进学生文化知识和思维品质方面核心素养的形成与发展。

基于文本解读的小学英语教学是提升课堂效率、促进学生文化知识水平和思维品质得到提升的有效途径。以语篇为基础的英语教学是基于英语语言知识和文化知识进行的语言技能和学习策略的训练，最终达到通过主题意义发展学生思维品质的目的。具体路线图如图 4-4 所示。

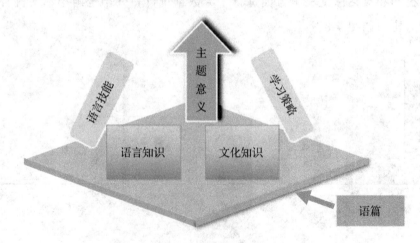

图 4-4 基于文本解读的小学英语教学提升路线图

4.1.2　英语教学研究目的

普通高中英语课程的具体目标是培养和发展学生在接受高中英语教育后应具备的语言能力、文化意识、思维品质、学习能力等学科核心素养。……通过本课程的学习，学生应能达到英语课程标准所设定的四项学科核心素养的发展目标。

语言能力目标：具有一定的语言意识和英语语感，在常见的具体语境中整合性地运用已有语言知识，理解口头和书面语篇所表达的意义，识别其恰当表意所采用的手段，有效地使用口语和书面语表达意义和进行人际交流。

文化意识目标：获得文化知识，理解文化内涵，比较文化异同，汲取文化精华，形成正确的价值观，坚定文化自信，形成自尊、自信、自强的良好品格，具备一定的跨文化沟通和传播中华文化的能力。

思维品质目标：能辨析语言和文化中的具体现象，梳理、概括信息，构建新概念，分析、推断信息的逻辑关系，正确评判各种思想观点，创造性地表达自己的观点，具备多元思维的意识和创新思维的能力。

学习能力目标：树立正确的英语学习观，保持对英语学习的兴趣，具有明确的学习目标，能够多渠道获取英语学习资源，有效规划学习时间和学习任务，选择恰当的策略与方法，监控、评价、反思和调整自己的学习内容和进程，逐步提高使用英语学习其他学科知识的意识和能力。

从《普通高中英语课程标准（2017 年版 2020 年修订）》中可以看出，高中英语课程标准较 2003 年版课程标准有很大的变化，其中课程目标改变以往的三维教学目标的提法，转向培养学生的学科核心素养。相比之下，基于核心素养理念的英语教学设计具有诸多优点。首先，教案设计的指导思想应基于语言能力、文化意识、思维品质以及学习能力等核心素养理念。其次，该类型的教案设计在理论、学用、师生角色、结果与过程、准确性与流利性、互动性以及跨文化交际能力等方面都有了明显的改进。[1]再次，在理论与操作维度，传统英语教学重理论轻实践，而基于核心素养理念的英语教学则增加操作的比例，使理论与实践并重。最后，在"学"与"用"层面，传统英语教学更加注重基本功与准确性，课外缺乏活动延伸，而新课程标准则更注重实际结合、课内外结合、创设真实情境等。在准确性与流利性方面，过去传统教学过于关注语言错误，缺乏对学生思想表达的关注，而新课程标准则除了关注语言错误外，更多关注学生思想的表达，注重学生思维品质的培养。在跨文化交际能力方面，过去传统教学基本不谈跨文化交际能力或者谈得比较少，而新课程标准则更加强调跨文化交际能力的培养，强调文化意识提升。[2]

通过比较旧课程标准与新课程标准在教学目标方面的不同可以发现，沿用传统教学方式已经不适应当前教育教学目标，这要求英语教师在充分理解新课程标准的基础上，对过去教学方式做充分反思与改变，以适应新时代新课程标准的要求。

课程目标的研究仅仅是英语教学研究目标之一，也是英语教学研究的基础。开展英语教学研究的总体目的有三方面，分别是澄清新时代新课程标准教学理念、加强研修共同体联动机制、推广经验成果。

1. 澄清新时代新课程标准教学理念

教师的教学理念表现在其教学活动中，陈旧的教学理念是不适应新时代教育教学工作的开展的。面对新时代对人才标准的不断提升、教育现代化水平不断推进，理念更新是教育教学工作者首先需要突破的瓶颈。

教学理念的提升是教师研修的重要内容，它包含两方面的知识：显性知识与隐性知识。显性知识表示教师对新课程标准的符号体系的表示，包括对新课程标准的理解、说明、解释、举例等；隐性知识表示隐藏于教师平时教育教学行为背后的知识，这种知识很难用语言概括，因此又被称为缄默知识。

澄清新时代新课程标准教学理念需要组织有效的教研活动，从理论学习到教育教学实践，再到理论内化提升。这一过程需要通过教研活动得以保证，同时这也是英语教学研究的总体目的之一。

2. 加强研修共同体联动机制

教学是建立在经验、反思基础上的智慧性实践。面对充满不确定的、复杂的教学情境，"学习—思考—实践—合作—研究"是提升教学智慧的有效路径，研修共同体则是其纵深推进的有效支撑平台。打造区域教研的联动网络，从校际、校内、项目组等维度，促进教学经验的交流互动，是推进区域教研实施的有效载体。[3]

通过项目引领的方式，我们将一线教师、教研员与大学教育专家团队联结成教师研修共同体，通过助学者将各方思想、理论与实践紧密结合，从而使共同体具备较强的理论支撑、实践经验辅助、教学实践改革能力。因此，该机制的构建是促进英语教学研究能够顺利实施与落地的重要机制保证。这是英语教学研究的另一总体目的。

3. 推广经验成果

任何教育教学理论的学习与内化都要表现在教育教学活动中。通过统一、科学的量化评价体系所打磨出来的教学模式，是具有普遍意义的。因此，英语教学研究的目的是提升，这里所指的提升不仅是个人教育教学水平的提升，更重要的是区域教研整体性的提升。创建有效的推广经验成果的模式是英语教学研究的另一总体目的。

4.1.3　英语教学研究形式

英语教学研修的形式是建立在库伯的经验学习理论的基础上的。这种研修有两种形式的共同体，分别是教师网络学习共同体和教师实践共同体，二者的结合便构成了教师网络实践共同体。

教师网络学习共同体是教师在线研修的一种方式，它是基于网络平台工具开展的研修活动。在网络平台中，教师可以根据活动主题分享观点、提出问题、共享资源、在线讨论等，以网络平台的形式克服时间与空间的限制。教师实践共同体是基于真实课堂教学的理论学习与分享交流活动，一般是通过线下进行的。这种聚焦课堂的教学是以信息论和行为科学为基础理论，采用基于信息技术的定性与定量相结合的课堂绩效分析方法进行课堂观察与诊断，建立课堂教学行为与教师实践性知识的数字化测量方法与技术体系，实现了知识与课堂教学行为的可视化，帮助教师改进课堂教学实践行为。在课堂教学过程中，课堂观察团队可以同步进行 S-T 分析、有效性提问、对话深度等多个维度的课堂观察记录与分析，形成客观、深入的课堂诊断报告，为教师的课堂教学改进提供科学依据。

教师网络实践共同体是将教师的课堂教学实践活动与网络学习共同体研修活动有机结合起来，通过课堂案例分析和研讨活动，诊断和解决教师在教学实践中遇到的问题，从而共享和发展教师的实践性知识。案例分析和研讨活动的构成要素主要包括活动任务、活动组织、角色分工、活动方式、活动规则、研修环境、助学服务、研修资源等。[4]

活动任务：对教师网络实践共同体中一线教师的课堂教学视频案例进行分析和诊断，发现和解决教学实践中的问题，提高教师的教学实践能力。

活动组织：分为小型、中型、大型实践共同体活动，根据参与人数而不同。

角色分工：首先是活动主持者或组织者（常为在线助学者或有一定威望的教师成员），其次是案例提供者（被观察教师），最后是案例观察者（观察教师）。

活动方式：基于某个研究主题，被观察者设计并实施课堂教学，形成课堂案例，提交给网络实践共同体。观察者与被观察者共同对该课堂进行分析，集体反思，诊断课堂问题，并提出改进建议等。

活动规则：首先，网络实践共同体的一线教师需要轮流上传教学案例，轮流担任观察者和被观察者的角色。其次，网络实践共同体的成员对案例的研讨和诊断均要基于观察者对课堂教学案例的观察数据。

研修环境：具有成员交流互动空间、案例分析工具和支持视频案例上传的网络研修平台。

助学服务：在线助学者通过组织和参与教师网络实践共同体的案例分析与诊断活动，实现对活动的咨询和引导。

研修资源：主要是生成性资源。其一是被观察者提交的教学案例原始资源。其二是教师和助学者在案例分析与诊断活动中产生的大量发帖数据、案例分析报告、交流研讨结果、助学者点评、课堂关键事件等生成性资源。这些生成性资源促进了教师实践性知识的进一步显性化和共享。

4.1.4　英语教学研究反思

美国心理学家波斯纳指出："没有反思的经验是狭隘的经验，至多只能成为肤浅的知识。"教研活动应该进行反思，这样才能够提高教研的效率。在完成教研任务之后，教研组需要定期对教师的教研情况进行总结，解决在教研过程中出现的一系列问题，反思哪些是有效的，哪些是值得探究的，哪些是无效的，做到心中有数。在教研活动中，如果重视实施和效果的反馈，及时解决遇到的问题，就更能凸显教研的有效性。[5]

许多研究者都认为反思是教师自我发展、专业成长的有效途径，也是现代教师素质的必要组成部分。英语教学研究反思中，实践性知识显性化的过程，可以是撰写反思报告、撰写理论文章、制作教师反思数字故事等。其中制作教师反思数字故事是英语教学研究反思的喜闻乐见的形式。通过制作教师反思数字故事，教师可以很好地回顾自己以往研修的实践经验，加深对实践性知识的领悟，从而进一步提升自身的反思水平。

除此之外，教师反思数字故事的制作不仅可以促进教师进行自我知识的整理与提升，更重要的是可以使教师通过在线实践社区发布出去，让更多人观看。实践证明，当数字叙事呈现在他人的面前时，教师会被它深深吸引，熟悉的场景、熟悉的事件极大地提高了社区研修教师的积极性。同时，在线实践社区中的教师也可以通过观看数字故事提出自己的观点，使研讨氛围更热烈、更浓厚。

4.2 专业引领

4.2.1 基于核心素养的英语学科教研现实问题

核心素养最早是由 20 世纪 90 年代经济合作与发展组织开展的"素养的界定与遴选"研究项目提出的，用于描述所有社会成员都应具备的共同素养中那些居于核心地位的素养，是培养能自我实现与促进社会和谐发展的人才的基础。[6]目前，随着核心素养理念在教学中的广泛运用，核心素养理念得到了来自国内外学者的普遍关注，越来越多的学者将之付诸实践。[7]

2020 年，中华人民共和国教育部制定并颁发了《普通高中英语课程标准(2017 年版 2020 年修订)》。[8]该标准明确指出，英语课程具有重要的育人功能，旨在发展学生的语言能力、文化意识、思维品质和学习能力等英语学科核心素养，落实立德树人根本任务。在实施英语课程过程中，我们应以德育为魂、能力为重、基础为先、创新为上，注重在发展学生英语语言运用能力的过程中，帮助他们学习、理解和鉴赏中外优秀文化，培育中国情怀，坚定文化自信，拓展国际视野，增进国际理解，逐步提升跨文化沟通能力、思辨能力、学习能力和创新能力，形成正确的世界观、人生观和价值观。

从《普通高中英语课程标准(2017 年版 2020 年修订)》中可以发现，英语学科的教育教学工作被提升到了影响人一生学习和发展的高度。因此，当前的教学不仅仅是培养学生的语言能力，更重要的是促进学生文化意识、思维品质和学习能力等方面的提升。这需要英语学科教师共同构建浓厚的教研氛围、掌握科学的研究方法、形成较高的实践能力。这样，一种体验式、参与式、互动式的学习模式——工作坊便应运而生。有的学者通过调研发现国内工作坊存在三个方面问题，以此我们可以将典型问题工作坊概括为三种。[9]

1. 有名无实式工作坊

各个县区和地市级行政和业务部门成立的各级别的名师工作室和工作坊，通常由该区域教研能力强和教学经历丰富的名师或者教研员担任主持人或者坊主，成员均为区域内的骨干名师。工作坊成立之初，各项规章制度都很健全，软硬件设施配备齐全。但是由于坊内成员多是各校的班主任甚至中层领导，肩负着繁重的教学任务和行政工作，经常难以聚集在一起开展教研活动。加之各校之间的差异性，导致每个人存在的问题也不一样。经常是工作坊成立很久了，可研究主题仍没确定，教研活动开展的也是少之又少。研究主题的确定和实施需要大量的调研、分析和实践，而需要花费的时间、精力和物质条件却限制了这种工作坊工作的进行。

2. 被教研式工作坊

有一些区域通过网络平台成立教研工作坊，这些工作坊是由教育行政部门和业务部门促成的。坊主多由各级教研员担任，坊员多由各级行政部门和业务部门推荐的骨干名师组成。每期教研的主题多是由业务部门或者坊主统一布置，并监督坊员完成任务。平台有了，研究主题也有了，但是教学中的问题仍未能真正解决。其主要原因是该工作坊的成立和教研主题的确定都没有针对性，坊主和坊员多不熟悉，彼此之间的沟通不及时也不融洽，做的教研主题也都是被安排的，不一定是大家亟须解决的问题。这就导致坊内所有人员只是为了完成任务。

3. 瓶颈式工作坊

有一些地区的工作坊是由坊主精心挑选成员，坊主也是由当地优秀的骨干名师或者教研员担任。这些坊主拥有丰富的教学经验和一定的理论基础，但当教研进行到一定程度后就会进入瓶颈期。其原因是坊主和坊员的理论水平以及综合视野有限，无法满足教研的需求。这时就需更高层次的专家给予指导和引领，但专家又不能经常性地深入当地与坊内成员进行深入的沟通，所以给予的指导也是蜻蜓点水，不能彻底解决问题。这样就限制了工作坊的发展。

4.2.2 基于核心素养的英语学科教学研究项目的顶层设计

为促进丰台区 77 名小学英语教师的专业发展，北京教育学院丰台分院与靠谱 COP 项目团队共同设计了基于核心素养的英语学科教学研究项目。该项目通过面授让研修教师掌握课堂观察方法与技术，基于课堂教学行为大数据进一步理解核心素养的内涵并发现现有教学瓶颈，通过网络研修活动进行探讨内化，通过片区研修进行实践探索。项目在进行的同时，为开展区域课题研究做准备，以科研促教研。

该项目主要包含面授课程、网络研修、教学互动工作坊、片区研修和课堂互动工作坊几个部分。其中面授课程和片区研修促进教师感知知识，提升知识理解能力；网络研修包含两个方面的内容，分别是课堂观察方法与技术和教师教研能力，该部分的设计是促进教师将所学和所实践的知识内化；教学互动工作坊和课堂互动工作坊的开设是促进教师将感知和内化的知识转换成实践。这一系列的活动设计是基于库伯的经验学习理论，促进教师形成对英语核心素养的认识与理解，结合课堂教学行为大数据提升教学质量。其中课堂观察方法与技术用于发现和分析实践过程中出现的有关核心素养的问题，通过质疑、反思、学习来提升教师的教研能力，使教师深入剖析英语核心素养的本质，寻找问题的解决方案，并在实践中运用课堂观察方法与技术提升教育教学质量与效率，促进学生英语核心素养的内化与提升。该项目的顶层设计如图 4-5 所示。

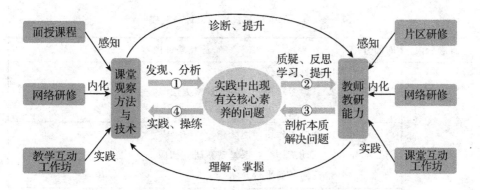

图 4-5　基于核心素养的英语学科教学研究项目的顶层设计

4.2.3　基于核心素养的英语学科教学研究项目实施案例

面对实际英语教研活动中产生的三方面问题，基于核心素养的英语学科教学研究项目将参与对象设定为丰台区 77 名小学英语教师，按照新手教师、胜任教师和成熟教师人数相同的方式选择教师。其中新手教师是指教龄在 5 年之内的教师，胜任教师指教龄在 5～10 年的教师，成熟教师是指教龄在 10 年以上的教师。按照丰台区教学研究的实际情况，我们将全体研修教师分为三个研修片区。每个片区由 1～2 名参加项目的研修教师担任片区负责人，负责研修的具体事项管理。

除了研修教师群体的确定以外，项目的实施还需要科学的项目内容设计、教学研究工作坊设计、项目质量管理设计和项目考核与评价设计。以基于核心素养的英语学科教学研究项目第一学期设计为例，该项目包含以下四个方面。

1. 项目内容设计

(1)集中参与式培训设计

集中参与式培训以问题为中心，以案例为载体，以任务为驱动，以教学研究能力发展及校本研修管理为核心，聚焦信息化教学研究方法。具体安排如表 4-1 所示。

127

表 4-1　集中参与式培训设计一览表

研修阶段	时间分配	面授培训内容
准备阶段	第一部分	1. 项目启动仪式 2. 首席专家报告：课堂观察方法与技术 3. 项目研修方案介绍
	第二部分	1. 互动工作坊：团队建设 2. 互动工作坊：课堂观察研究初探 3. 网络研修平台介绍
	第三部分	1. 理论学习：S-T 分析 2. 实践操作：S-T 分析练习 3. 互动工作坊：S-T 分析在英语教学中的应用 4. 教师反思数字故事的设计
	第四部分	1. 互动工作坊：大数据透视下的英语课堂中的核心素养（一） 2. 各片区研修主题聚焦和方案制订 3. 网络研修活动讲评
课堂观察方法与技术掌握阶段	第一部分	1. 理论学习：四何问题分析 2. 实践操作：四何问题分析练习 3. 互动工作坊：在英语教学中如何设计四何问题 4. 教师反思数字故事的制作
	第二部分	1. 理论学习：对话深度分析 2. 实践操作：对话深度分析练习 3. 互动工作坊：在英语教学中如何设计高质量的师生对话 4. 东片区主题研修活动分享 5. 网络研修活动讲评
	第三部分	1. 理论学习：有效性提问分析 2. 实践操作：有效性提问分析练习 3. 互动工作坊：在英语教学中如何设计创造性问题和批判性问题
	第四部分	1. 理论学习：教师回应分析 2. 互动工作坊：大数据透视下的英语课堂中的核心素养（二） 3. 西片区、中片区主题研修活动分享 4. 网络研修活动讲评

集中参与式培训面向教师在课堂教学实践中出现的常见问题，以工作为主线，以活动做引领，将接受式学习与发现式学习方式相结合，运用开展专题讲座、案例学习、小组合作学习和体验式学习等多种学习方式，突出案例支持和理论渗透的学习理念。

（2）课堂观察与诊断工作坊设计

课堂观察与诊断工作坊以研修教师的真实常态课堂为研究与实践场域，以面授培训中学习到的方法与技术为工具，是一个逐步从专家示范到逐步练习、自主进行再到深入反思的过程。具体安排如表 4-2 所示。

表 4-2　课堂观察与诊断工作坊设计一览表

主题	内容简介	活动形式
专家示范课堂观察与诊断	由专家团队示范如何对课堂进行系统的观察与诊断，包括如何采集数据、如何分析数据、如何利用数据促进教师的反思等	全体集中观摩学习
练习课堂观察与诊断	研修教师练习对课堂进行系统的观察与诊断，逐步掌握常用的课堂观察方法与技术；专家团队进行适当的指导和纠正	以研究小组为单位进行实战演练
实践课堂观察与诊断	研修教师以研修小组为单位，定期组织课堂观察与诊断，并召开课后反思会；利用课堂教学行为大数据发现课堂教学中的特点及问题，并加以改进；积累不同研究小组的课堂教学行为大数据常模	以研究小组为单位进行实践
反思课堂观察与诊断	研修教师对已经获得的课堂教学行为大数据进行深入挖掘，寻求不同学段、不同学科的课堂教学行为的共性，分析存在的问题，讨论改进建议	以研究小组为单位进行反思研讨

在课堂观察与诊断工作坊中，研修教师将采用开放式观察、聚焦式观察和结构式观察的方法与技术深入真实课堂做系统的课堂观察与诊断，开展个人反思与集体反思，建立并积累丰台区小学英语的课堂教学行为大数据常模。

2. 教学研究工作坊设计

教学研究工作坊以面对面工作坊和网络研修工作坊两种形式开展活动。研修教师根据自身的发展需要，按照自己的学段、兴趣组建研究小组，以课堂教学行为大数据为切入点，以研究为途径，以解决教育教学实践中的实际问题为核心活动。具体安排如表 4-3 所示。

表 4-3　教学研究工作坊设计一览表

阶段	教学研究工作坊内容
准备阶段	答疑解惑：在进行 S-T 分析数据采集和分析中的困难或困惑 方法应用：S-T 分析在英语教学中的应用 案例赏析：优秀课堂教学案例
	答疑解惑：在进行四何问题和对话深度数据采集和分析中的困难或困惑 方法应用：在英语教学中如何设计四何问题 方法应用：在英语教学中如何设计高质量的师生对话
	答疑解惑：在进行有效性提问和教师回应数据采集和分析中的困难或困惑 方法应用：在英语教学中如何设计创造性问题和批判性问题 方法应用：在英语教学中如何积极回应学生

阶段	教学研究工作坊内容
课堂观察方法与技术掌握阶段	1. 英语教学中的思维培养 理论学习：学习有关学生思维培养的理论知识 案例研讨：观摩优秀案例，利用课堂教学行为大数据聚焦教学实践中的问题 分组设计：分组进行思维提升的教学活动设计 交流评价：组间进行分享评价，英语教研员总结点评
	2. 英语教学中的有效提问 理论学习：问题设计的目的、意义与作用 案例研讨：问题化教学、情境教学法的案例分析与研讨 分组设计：分组进行教学问题系统设计 交流评价：组间进行分享评价，英语教研员总结点评
	3. 英语教学中的原声输入 理论学习：原声输入在英语教学中的意义、作用和实践策略 案例研讨：观摩优秀案例，进行知识迁移 分组设计：分组进行充分利用原声输入的教学设计 交流评价：组间分享评价，英语教研员总结点评
汇报总结阶段	交流展示：将三个片区的研修成果以公开课等形式进行展示，进行组间的汇报交流

3. 项目质量管理设计

（1）绩效评估

绩效评估是指通过收集教师参与集中参与式培训以及教学研究工作坊的活动数据、教师参与课堂观察与诊断工作坊的课堂教学行为大数据、教师参与网络研修活动中体现出的教师实践性知识水平的相关数据及助学服务数据等，使用不少于三种分析方法进行分析，评估教师实践性知识的发展变化情况和教师课堂教学行为的改进情况。

绩效评估报告分为区级绩效评估（宏观报告）和不同教师群体的绩效评

估(中观报告)，每学期进行一次。宏观报告侧重评估教师实践性知识的总体发展情况和教师课堂教学行为的改进情况；中观报告侧重评估三类教师群体(新手教师、胜任教师和成熟教师)的实践性知识发展变化情况。

(2)项目合作机制

为加强项目实施效果，项目团队聘请丰台区英语学科教研员参与课堂观察与诊断、集中参与式培训及教学研究工作坊三部分的相关活动指导。具体合作机制如表 4-4 所示。

表 4-4　项目合作机制

合作类型	合作名称	合作内容
课堂观察与诊断	联合课堂观察与诊断	教研员与项目团队共同参与英语学科的课堂观察与诊断活动 分工与流程： 1. 教学设计修改建议：靠谱 COP 项目助学服务团队提前 5～7 天提供现场课的教学设计，教研员提出修改建议 2. 观摩现场课：靠谱 COP 项目助学服务团队提前 1～2 周预约教研员现场观摩课时间 3. 课后反思会：授课教师自我反思，教研员进行基于学科的定性点评与研讨，靠谱 COP 项目助学服务团队展示课堂教学行为大数据及综合点评 4. 后续改进指导
集中参与式培训	学术支持服务	为促进双方的双向合作与交流学习，靠谱 COP 项目助学服务团队负责提供面授培训的学术支持服务。 分工与流程： 1. 教研员可根据自身需求，参与集中面授培训的学习 2. 为教研员提供教师反思数字故事作品制作指导、论文撰写指导等学术支持服务及展示交流机会 3. 活动流程 ①面授支持服务：靠谱 COP 项目助学服务团队提前 1～2 周提供面授主题及内容简介、时间、地点 ②后续支持服务：建立微信群，靠谱 COP 项目助学服务团队提供问题咨询服务

合作类型	合作名称	合作内容
教学研究工作坊培训	教学研究指导支持服务	教研员作为专家引领支持研修教师以团队研讨、课堂诊断、知识建构、改进咨询等方式开展更加科学、规范的教学研究 分工与流程项目： 1. 靠谱 COP 项目助学服务团队邀请教研员参与教学研究主题和方案的设计与制订 2. 根据项目学校需求以及教研员的实际情况，提前 1～2 周提供教学研究内容、时间及地点 3. 教研员参加教学研究工作坊活动，深入某个主题教学研究小组指导，在每次活动结束前进行总结点评，明确后续的研究方向，与靠谱 COP 项目助学服务团队一同进行后续的跟踪指导

4. 项目考核与评价设计

该项目按形成性评估、诊断性评估和总结性评估三类形式进行研修绩效评估，具体考核与评价方式如表 4-5 所示。

表 4-5　项目考核与评价方式

评价类型	评价内容		数据来源	评价执行者
形成性评估	网上学习时间记录	反映教师参加靠谱 COP 项目研修的实际时间	系统平台自动记录	助学团队
	网上学习成果统计	反映教师在靠谱 COP 项目研修中物化的学习成果		
	教师档案袋评价	反映教师参与靠谱 COP 项目研修活动的情况和水平		研修教师及助学团队
	研究小组评价	反映不同研究小组的研修绩效	系统平台自动记录助学者记录	

评价类型	评价内容		数据来源	评价执行者
诊断性评估	自我诊断性评价	反映教师对自己作为学习者的自我认知	研修教师提供	研修教师
	同伴诊断性评价	反映同行教师对被评议人的教学实践的质性认可程度		
	专家诊断性评价	反映专家对被评议人的教学实践的质性认可程度	培训专家团队提供	助学团队
	系统诊断性评价	对被评议人的教学实践从多角度进行定量刻画与描述	助学者提供	助学团队
总结性评估	面向研修中的种子教师的绩效评价	反映种子教师在项目研修中的绩效以及对其他教师的辐射作用	系统平台自动记录问卷调查访谈记录	助学团队
	不同教师群体的绩效评价	反映不同教师群体研修的实际效果及特点差异		

4.3 基于教育大数据的英语教学研究模式分析

4.3.1 基于教育大数据的英语教学研究的共享模式

普通高中英语课程标准，强调语言既是文化的载体，也是思维的工具。语言能力的提高应与思维品质的发展和文化意识的形成同步。教师要在帮助学生发展语言能力的同时，促进他们思维品质的发展，引导他们树立正确的价值观。因此，教师在教育教学过程中，参照新课程标准英语核心素养的要求，力求把学生思维品质和文化意识的发展有机地融入语言知识和文化知识的学习。教师要引导学生感知、理解、整合、内化语言和文化知识，获取信息、分析问题、解决问题、鉴赏评价、自主表达，使这一过程成为学生语言能力的发展过程、思维品质的提升过程、文化意识的建构过程和学习能力的形成过程。

然而，这种能力的形成需要的是教师团队的协作。因为教师的专业发展日益向着教师专业发展生态的方向发展，教师不能再围绕教学进行"单枪匹马"的工作，而应该同不同教师群体建立互惠合作的关系，通过与他人的交流和共享实现专业发展。

威尔森·S. M.（Wilson S. M.）与伯恩·J.（Berne J.）指出教师专业发展必须包含一种批判性的同事合作关系；在这种合作关系中，教师之间彼此信任，能够进行不回避批评的专业对话，同时具有容纳冲突和分歧的能力。

因此，在基于核心素养的英语学科教学研究项目中所构建的教师网络实践共同体便是基于教师实践经验的共享机制。这种促使教师专业发展的、以教师为主的共享机制分为三大互动群：一是教师互动群，二是教师与助学者互动群，三是教师与专家互动群。

教师互动群是指不同层次教师根据研修主题开设基于课堂教学行为大数据的课堂观察活动，并在此基础上对教学设计、教学实施、教学反思进行互动讨论。这种互动讨论完全是基于教学实践的，因此切入点为课堂教学行为大数据，通过寻找数据证据链为讨论分析提供数据支撑，也为科学研讨提供量化数据支撑。

教师与助学者互动群是指通过网络研修平台进行的远程研修活动。助学者发布研修主题，教师可以根据主题进行反思、提问、回答等一系列的操作，并基于自身理解与助学者展开基于某项主题的深入探究。这种探究互动的方式打破了时间与空间的限制，使讨论主题可以更加深入，使教师的思考更具深度。助学者在教师与助学者互动群中的作用多是协助者与解答者，帮助研修教师厘清思路，明晰任务，促使网络研修更有效。例如，北京市丰台区东高地第二小学李普意老师，在观摩完孙燕君老师的现场课后，结合所学的四何问题相关知识，在网络研修平台上进行了再反思与分享，如图 4-6 所示。

发布于2019-05-17 20:49:00

李普意
北京市丰台区东高地第二小学

通过观摩孙老师的这节二年级的现场课，我感觉孙老师自身素质很高，语音语调特别优美，让人爱听、愿意听，从本节课的教学设计上也能看出孙老师这种扎实的教学风格，且孙老师善于根据学生的年龄特点设计适合学生年龄段的活动，我觉得特别好。我特别喜欢本节课的两个教学环节：①联系学生的实际，该论学生周六活动的环节；②最后Chant的创编与说唱，既符合二年级学生的年龄特点，又起到复习、巩固、梳理、总结的作用，很棒。真是值得我向孙老师学习。在听了路征老师的总结后，我有一点想法，不知道是否合适，与大家共讨：在联系学生实际讨论学生周六活动时，有学生说去上课外班，此时教师是否可以根据现在生的实际情况提出"若何问题"：If you won't have classes on Saturday, what do you want to do ?进而讨论How do you go there?或者创设这样的情景：If we all have free time on Saturday, what do you want to do together? 追问Why? 学生可能用英文或中文回答：有意思 / 离我家近 / 在学校附近，离同学们家都不远/免费 / ……（渗透为他人考虑的情感教育）。此时继续追问：How do you go there? Why?（渗透根据距离采用不同的出行方式）只是一点想法，不成熟，有待商讨。对于板书的设计，我也有些不成熟的想法，如下图。

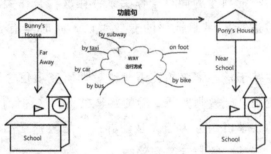

图 4-6 教师反思分享

除了自我反思分享以外，教师还可以通过"跟帖"的方式展开教师间的互动交流，细化隐性知识的显性化过程。例如，中国教育科学研究院丰台实验学校的徐娜老师将自我理解的数字故事分享出来，其他教师可以根据所分享的内容进行思路扩展，如图 4-7 所示。

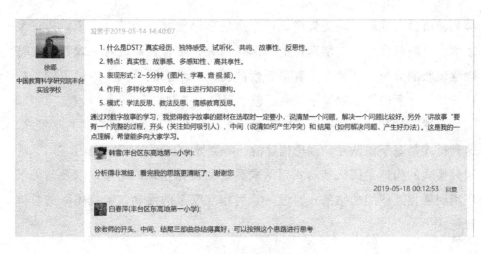

图 4-7　教师反思分享与跟帖

　　教师与助学者互动群的重要引导者是助学者。助学者通过发布任务、引导任务、答疑等活动帮助研修教师提升参与的积极性。图 4-8 反映的是研修教师与助学者的互动。

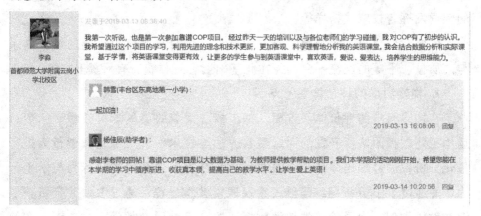

图 4-8　教师与助学者互动

　　教师与专家互动群，顾名思义是指教师与专家学者进行互动交流，一般以报告培训与互动交流的线下形式进行。在基于核心素养的英语学科教学研究项目中，该互动群中的专家不仅包括大学教育研究者，还包含该学科的教研员。这种互动交流模式可以解决理论与实践脱节的问题，通过专家学者对新时代教育教学理论的讲解与研究，结合教研员对一线教师教育教学现状的分析，开发出具有可行性的英语教学实践模式，缩短了较长的理论学习之后的探索时间，提高了教学研究的效率。

上述三种互动群便构成了基于教育大数据的英语教学研究的共享模式。这种模式是基于团队互动理论构建的。哈克曼·J.R.（Hackman J.R.）认为这种模式的构建是团队互动式团队成员之间彼此互动的结果，以及与外部环境因素相互作用的结果；通过一系列相互联系的活动，实现团队的总体目标。[10]

4.3.2　基于教育大数据的英语教学研究的实践模式

在传统英语教学研究过程中，由于外在的评价制度、实践等客观性因素的影响，教师合作面临着低效的困境；在权力关系中，校长通过刚柔并济的方式实现对教师的领导，专家与教师建立起因人而异的关系，学校中的领导发挥着权威式榜样等。[11]

因此，要想提升教师教学研究的质量，我们需要建构科学的评价体系与高质量、平等的交流平台，并在此基础上有所收获、有所提升。

1. 构建科学的评价体系

在构建科学的评价体系方面，基于核心素养的英语学科教学研究项目运用王陆教授团队所开发的课堂观察方法与技术手段对课堂教学行为进行量化分析，通过编码体系分析将课堂教学行为大致分为教师行为与学生行为，并通过 S-T 分析用编码形式重现课堂教学过程；通过 Rt-Ch 分析获取课堂教学类型，为寻找课堂教学数据证据链提供课堂教学模式参考。在编码体系分析的基础上，抓住课堂教学的关键节点是评价课堂效率与质量的重要方面。因此，项目团队通过四何问题分析教与学过程中问题解决的认知过程，反映教师的问题设计能力；通过课堂有效性提问分析来分析教师提出问题的类型和采用的挑选回答问题的方式，进而反映教师的教育信念、策略知识、人际知识等情况；通过课堂对话方式分析教师的情境知识、策略知识和人际知识情况；通过对话深度分析问题设计、知识结构层次及思维发展情况。最后将编码体系分析与记号体系分析所采集到的课堂教学数据进行数据证据链采集与分析，最终基于数据总结出关于课堂教学效率与质量的评价。为便于听课教师记录，项目组除提供课堂观察工具体系外，还为教师提供课堂观察师生对话记录表，如表 4-6 所示。

表 4-6　课堂观察师生对话记录表

时间		地点	
授课教师		授课年级	
授课内容			
四何问题	是何问题： 为何问题： 如何问题： 若何问题：	听课随想：	
提出问题的类型	管理性问题： 记忆性问题： 推理性问题： 创造性问题： 批判性问题：	听课随想：	

学生回答类型	无回答： 机械判断是否： 认知记忆性回答： 推理性回答： 创造评价性回答：	听课随想：
教师回应态度	肯定回应： 否定回应： 无回应： 打断学生回答并代答： 重复学生回答并解释：	听课随想：
对话深度	深度一： 深度二： 深度三： 深度四： 深度五：	听课随想：

2. 构建高质量、平等的交流平台

在高质量、平等的交流平台方面，项目组为英语学科教师搭建了在线研修平台。该平台主要有以下作用。

①线上与线下活动相契合，相辅相成。

②促进研修教师间的知识流动和知识转移。

③促进隐性知识的显性化，提升研修教师的实践性知识水平，从而改善课堂教学行为。

④促进区域间的沟通交流，进一步研修教育大数据支持下的有效教研新思路。

⑤加强与大学专家、助学者、学科专家间的沟通交流。

研修教师可以通过在线研修平台参与研修活动，完成对应的任务，利用学习材料在活动论坛参与讨论，提交阶段性学习成果，如图 4-9 所示。

【丰台四批】回顾课堂观察方法与技术

各位老师，大家好！愉快的暑假刚刚过去，新的学期已经开始。经过一个学期的集中面授学习和课堂观察实践，相信老师们已经理解并掌握了基于课堂教学行为大数据的课堂观察方法与技术。为更好地进行我们本学期的项目研修活动，让我们一起回顾一下我们的课堂观察方法与技术！请老师们完成以……

【丰台四批】理解课堂教学中的具体经验

各位老师好！在本学期我们将进入经验学习理论的第一个阶段——具体经验获取阶段的学习。经验学习理论是由美国社会心理学家大卫·库柏提出的。大卫·库柏认为经验的学习过程是一个不断的经验领悟和改造过程。作为经验学习的初始阶段，具体体验是指通过把感觉、心情与情绪融入……

【丰台四批、重庆璧山、海淀二期】可视化工具在提升高阶思维分析成分中的应用

亲爱的各位老师，你们好！心理学研究表明，思维是隐性的，传递和学习的难度要远大于纯粹的知识，如果我们能够把看不见的思维过程和方法清晰地呈现出来，就能帮助学生更好地理解、记忆和运用知识。为此，在本阶段我们将进入可视化工具的专题学习，聚焦可视化工具在提升高阶思维分析……

图 4-9　教师在线研修平台

研修教师可以根据所发布的研修活动参与团队间的平等交流互动，并发布主题讨论帖，如图 4-10 所示。

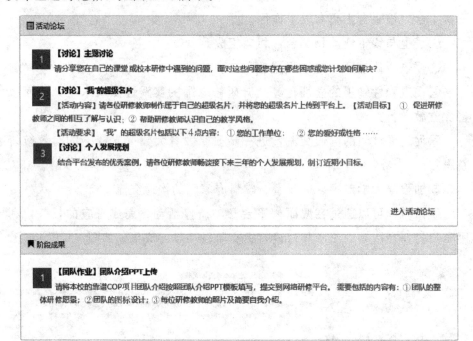

图 4-10 教师在线研修平台的讨论模块

为帮助平台的研修教师科学、高效地反思个人的专业发展问题，助学者需要对教师研修过程中的发帖数据进行实践性知识编码。根据北京大学陈向明教授对实践性知识的定义，我们将教师的实践性知识分为教师的教育信念、教师的自我知识、教师的人际知识、教师的策略知识、教师的情境知识、教师的反思性知识六类。[12]

为细化教师发帖数据的编码，项目组在这六类实践性知识的基础上进行了细化，形成了实践性知识的三级维度。

4.3.3　基于教育大数据的英语教学研究的反思模式

20 世纪 80 年代的教师培训中流行的基本模式是技术原理模式。这种模式对教学持有一种过于技术化和简单化的观点，认为只要向教师传输一定的教学知识策略[13]，就可以帮助教师更好地解决教学中的各种实际问题。然而，教师培训的实践告诉我们，实际情况并非如此简单。一些研究者开始意识到，教学是一种复杂活动，教师培训不仅需要由外部向教师传授专业知识，而且需要教师通过对自己实际的教学经验反思来增进其对教学的理解，提高教学水平。[14]

戴·C.（Day C.）认为，反思本身是教师学习的必要条件；教师为了使反思变得更加有效，就必须在他们的专业发展中接受挑战与获得支持。[15]相关研究表明，教师反思是改变教师实践的重要因素，教师反思被看作是教师协调其信念与实践之间矛盾的关键。[16]

因此，基于核心素养的英语学科教学研究项目将反思分为个人反思、小组讨论反思、基于课堂观察的反思、基于数字故事的反思等。

1. 个人反思

个人反思一般是基于某一课堂教学进行的，该课堂教学又是基于某一研讨主题进行设计的。为对三个片区实施个性化研修工作，项目组分别对三个片区的研讨主题进行了如下设置。

①东片：借助思维工具，助力学生思维能力的发展。

②中片：提升课堂提问有效性，促进小学英语阅读教学中学生思维能力的发展。

③西片：提升问题的开放度，促进英语课堂中学生高阶思维的发展。

研修教师根据研修主题选择适合的课堂教学题目，然后进行课堂教学展示，课后对课堂教学实际情况进行以下三个方面的反思。

①在刚刚结束的课程中，最满意的地方是什么？为什么？

②在刚刚结束的课程中，最不满意的地方是什么？为什么？

③在今后的课堂中，将如何改进自己的教学？（如果再上同一节课，会有哪些改进措施。）

2. 小组讨论反思

小组讨论反思是基于教师实践经验进行的经验化反思，由听课教师、教研员等专家参与，主要包括目标定位、问题设计两个方面。小组讨论反思过程主要围绕以下三个问题。

①您认为本节课的教学目标定位如何？指向了哪些高阶思维？达成情况如何？

②您认为本节课中哪些问题设计得比较精彩？为什么？

③您觉得这节课的问题设计还可以进行怎样的优化？这样优化的好处或目的是什么？

3. 基于课堂观察的反思

基于课堂观察的反思是在课堂行为观察的基础上进行的数据证据链分析。通过各个维度数据的对比分析，分析者主要来自靠谱 COP 项目团队的专家与助学者。为支持教师反思的显性化，靠谱 COP 项目团队还为研修教师提供课堂观察反思支架，如表 4-7 所示。

表 4-7　课堂观察反思支架

研讨主题：			
授课教师		观察人	
课程名称		授课年级	
课堂观察讨论要点（数据分析前）			
1. 您认为本节课的教学目标定位如何？指向了哪些高阶思维？达成情况如何？			

续表

2. 您认为本节课中哪些问题设计得比较精彩？为什么？
3. 您觉得这节课的问题设计还可以进行怎样的优化？这样优化的好处或目的是什么？
课堂观察思考要点（数据分析后）
4. 通过数据分析，您有哪些新发现或者新想法？

　　为提升教师反思的积极性和反思水平，项目组采用基于数字故事的反思故事的讲述方式。数字故事的制作是一种喜闻乐见的形式。作者依据自己的真实经历，融入个人的独特感受，运用文字、声音、图像、音乐等多媒体元素和利于表达作者意图的动画等方式，制作出来的视听化的创作作品能引起阅读者的共鸣，且有一定的反思水平、有益且有意义、有强烈的故事感。数字故事的讲述具有以下特点。

　　①真实性。数字故事要求作者探究现实生活，并通过数字故事的方式展现所掌握的知识和对问题的看法。

　　②故事感。即围绕主题，把信息有效地组织起来，使其结合上下文语境，并富有情感地表达出来。

③多感知性。数字故事的呈现方式是多样的，它集成了文字、图片、动画等元素，使故事的聆听者可从声音和画面中同时获得故事内容。

④高共享性。数字故事是将传统讲故事的艺术与多媒体技术和网络发布技术结合而产生的，其传播范围更广。此外，Web 2.0 模式的多媒体工具也支持数字化故事的在线制作和分享。

制作数字故事不仅让研修教师将所学的知识、技能和现实生活结合在一起，还培养了收集和处理信息的能力、获取新知识的能力、分析和解决问题的能力、口头表达能力、交流与合作的能力。除此之外，制作的数字故事还有以下作用。

①构建多样化的学习机会。

②支持自主进行知识建构。

③增进对教学的理解。

④提高教学水平。

⑤激发学习兴趣。

⑥促进课堂反思交流。

⑦促进教学叙事交流。

⑧促进学习体会交流。

⑨促进教学问题交流。

⑩促进教学创新交流。

【本章参考文献】

[1][8] 中华人民共和国教育部. 普通高中英语课程标准(2017 年版 2020 年修订)[M]. 北京：人民教育出版社，2020.

[2] 蒋启兴. 在初中英语课堂教学中核心素养的培养策略[J]. 课程教育研究，2018(41).

[3] 黄芳. 创智课堂视角下区域小学英语教研实施与课堂建设[J]. 上海课程教学研究，2019(7).

［4］杨卉，王陆，张敏霞．教师网络实践共同体研修活动设计模型研究［J］．现代远程教育研究，2012(2).

［5］王陆．在线实践社区教师专业学习新模式［N］．中国教育报，2015-05-13(4).

［6］李辉来．大学数学课程实验［M］．北京：高等教育出版社，2008.

［7］张海燕，孙畅．基于核心素养理念的初中英语教案设计［J］．教育现代化，2019(56).

［9］王秀秀．初中校本教研中教师合作的案例研究［D］．上海：华东师范大学，2018.

［10］Hackman J. R. The Design of Work Teams［M］// Lorch J. Handbook of Organizational Behavior. Englewood Cliffs，NJ：Prentice-Hall，1987.

［11］Mathieu J. E.，Heffner T. S.，& Goodwin G. F.，et al. The Influence of Shared Mental Models on Team Process and Performance［J］. Journal of Applied Psychology，2000(2).

［12］陈向明．实践性知识：教师专业发展的知识基础［J］．北京大学教育评论，2003(1).

［13］王陆，张敏霞．教学反思方法与技术［M］．北京：北京师范大学出版社，2012.

［14］Schon D. A. The Reflective Practitioner：How Professionals Think in Action［M］. New York：Basic Books，1983.

［15］Day C. Reflection：A Necessary but not Sufficient Condition for Professional Development［J］. British Educational Research Journal，1993(1).

［16］Breyfogle M. L. Reflective States Associated with Creating Inquiry-Based Mathematical Discourse［J］. Teachers and Teaching：Theory and Practice，2005(2).

第 5 章　基于教育大数据的教师专业发展路径

近年来大力推动的教育改革，使得社会各界都要求迅速提升教育质量。知识的快速发展，未来世界的形成与竞争，信息网络分享平台的建设与应用，都导致教师终身学习和专业成长的必要性与紧迫性。由于学生的学习成果日益受到社会各界的重视，而学生的多元化及家长、媒体和其他利益相关者外部需求的日益复杂化，再加上不断变化发展中的跨学科课程内容和技术的新用途等，教师在职业生涯中已经面临着越来越复杂的专业要求。[1]

教师是优质教育的第一要素，也是影响国家基础教育质量的关键因素。美国学者毕比·C. F. （Beeby C. F.）在其著作《发展中国家的教育质量》（*the Quality of Education in the Developing Countries*）中曾论及：教育的质量是教师素质的反映；没有好的教师，就不会有好的教育。[2]然而，优秀教师不是天生的，在我国目前优质教师人力资源短缺的背景下[3]，研究并回答"如何成为优秀教师""哪些因素可以使教师变得更优秀""优秀教师的专业发展历程是怎样的"等问题，不仅能够为教师专业发展指明道路，而且也成为当前教师专业发展中至关重要的问题。

根据王陆教授跟踪某地区的 95 位中小学教师的课堂行为大数据、实践性知识大数据和在线学习大数据发现，教师专业成长有 7 条典型路径。[4]这 7 条典型的教师成长行为路径反映出：实践性知识是教师成长行为路径中的重要中介变量，其中教师的教育信念、策略知识、情境知识和反思知识是主要的中介变量。这 7 条典型的教师成长行为路径给网络研修设计者和一线教师均带来了一些重要启示：网络研修设计者应该聚焦设计探究、归纳总结、付诸应用三类基于认知临场感的非正式学习活动，以促进研修教师实践性知识水平的提高和课堂教学行为的改进；一线教师应该从问题设计、理答方式、回应方式以及教学干预 4 个方面对课堂教学行为进行改进，以促进教师实践性知识水平的提高和网络研修活动中认知临场感的提升，改善在线学习质量。

结合丰台区靠谱 COP 项目的开展实践发现，项目研修教师的参与积极性高，教师专业发展水平的提升效率显著。为推广项目实施过程中的先进经验，本章将分三部分予以介绍，分别是案例剖析、专业引领和基于教育大数据的教师专业发展建议。

5.1　案例剖析

5.1.1　在反思中蜕变——阳春小学教师案例

1. 教师简介

本案例的主人公是来自北京市丰台区阳春小学的有着 5 年教龄的新手数学教师——紫雪娇老师。紫雪娇老师在 2014 年 9 月加入北京教育学院丰台分院靠谱 COP 项目；2014 年 11 月 19 日参加了丰台区第七届"师慧杯"决赛并获得数学学科一等奖；2014 年 12 月 12 日，在靠谱 COP 教学研讨会中，所执教的"用字母表示数"一课受到了听课领导、教师的一致好评；2014 年，《基于互动反馈技术，提高师生互动成效——数学（小学除法）课例分析》获阶段性研究成果二等奖。2015 年，她执教的"分数单位"一课在全国"第一届微型精品课"大赛中获三等奖；现场课在第六届全国互动反馈教学应用现场交流活动中获二等奖；论文《依托课堂观察数据，提升教学的有效性》在丰台教育学会第十四届论文评选中获得三等奖；在第六届靠谱 COP 年会中被评为明星教师等。

2. 教师反思数字故事

我的靠谱之旅——参与者即受益者

2014 年 9 月，我们学校成为丰台区靠谱 COP 项目学校。我也有幸成为学校靠谱 COP 项目团队中的一员，成为一名"靠谱"青年。那年你我初相识，作为一名执教 5 年的新手教师，我对该项目充满了好奇。

"教师在线实践社区""教师实践性知识""课堂教学行为观察大数据""反思性观察""问题化教学""教师反思数字故事""专家型教师"……这一个个新鲜的词汇，拨动了我的心弦，点燃了我的热情。

于是，我精心地准备了一节课，想一探究竟。也正是从这一堂课开始，我开始真正地走近了该项目。我满意于课堂的呈现，也期待着专家团队对我的肯定。可结果是，课堂以记忆性问题为主(如图 5-1 所示)；更多关注学生对基础知识的掌握，没有关注到未举手的学生(如图 5-2 所示)；让学生讨论后汇报(如图 5-3 所示)；创造评价性回答的比例低于常模数据(如图 5-4 所示)；重复学生回答并解释的比例远远高于常模数据(如图 5-5 所示)；课中多以是何问题为主(如图 5-6 所示)；对话深度多为深度一、深度二(如图 5-7 所示)。这些数据给了我当头一棒。(需要说明的是，数据比例之和不是 100%，是由于按四舍五入法处理的。)

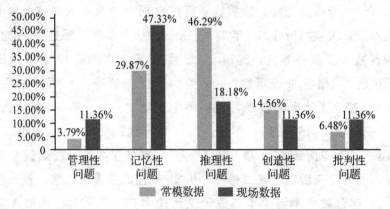

图 5-1　提出问题的类型数据

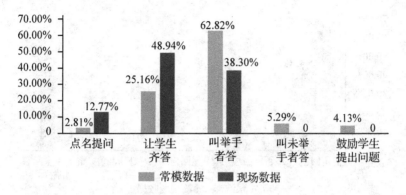

图 5-2   教师挑选回答问题的方式数据

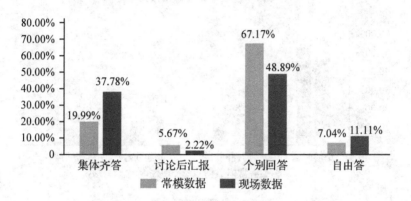

图 5-3   学生回答方式数据

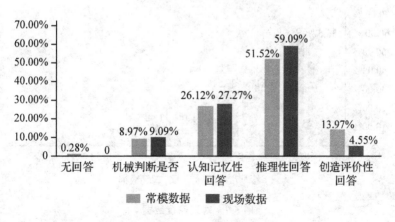

图 5-4   学生回答类型数据

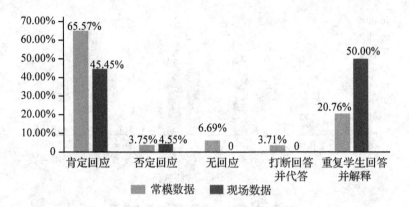

图 5-5 教师回应态度数据

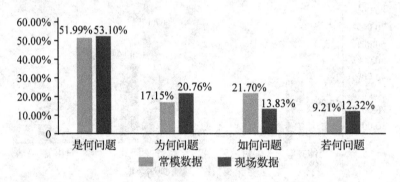

图 5-6 四何问题数据

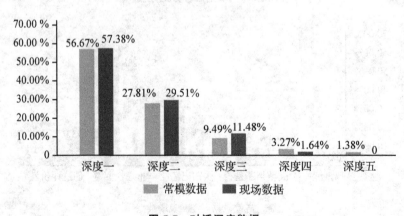

图 5-7 对话深度数据

通过数据证据链分析发现，这节课缺乏指向高阶思维的问题；学生探究深度不够；小组合作学习的效度较低；课堂中教师的主导作用非常明显，并没有以学生的观点引领和发展课堂……

在网上的主题研讨中，我对好课堂的定义反映出了我的教育信念——"想要控制课堂"。大数据犹如显微镜，透视着课堂的教与学，颠覆了我的认知。于是，我开始了真正的研修之旅……

接下来就是不断地学习、实践，重构自己的教育信念。在面授学习中，我用心倾听，积极发言，参与讨论；在网络研修中，我认真观摩，积极发帖，参与平台互动，如图 5-8 所示。

图 5-8　网络研修

经过一系列的研修活动，我从关注教师的教开始向关注学生的学转变，而这些也都反映到了我的课堂教学中。通过 2014 年 11 月 19 日"用字母表示数"、2015 年 10 月 13 日"完美图形——圆"和 2016 年 9 月 30 日"圆柱圆锥的复习课"3 次课堂教学行为数据分析发现，我的教学行为发生了很大的变化。从图 5-9 可以看出，第一次课中管理性问题所占比例较多。为提高教育教学质量，我打算从日常课堂教学做起，注重优化问题设计，积极调整，减少无效问题的提出，对学生的回答及时进行反馈。通过三次数据的对比分析发现，我用在课堂上组织教学的时间在减少，提高了教学效率。

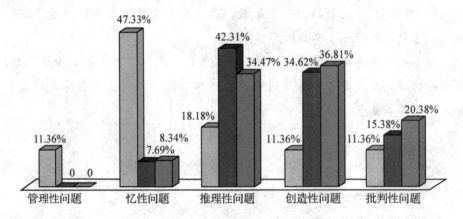

图 5-9　三次课中提出问题的类型对比

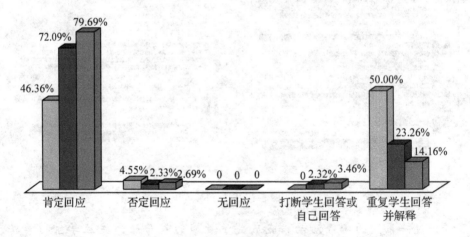

图 5-10　三次课中教师回应态度对比

从图 5-10 可以看出，以往对学生的反馈多采用"重复学生回答并解释"这种形式，而且比例很高。为克服这一点，我在课堂上开始注重学生的表达，倾听他们的发言，给他们机会，教他们如何完整地表达。为此，我还专门开设了班级微信群，每天让学生练习讲题，训练他们的语言表达能力。功夫不负有心人，学生的表达能力与日俱增。在课堂教学中，学生越来越自信，并能够主动、完整地进行表述。在回应态度方面，我对他们的鼓励与肯定回应也越来越多，学生的学习质量得到了提升，课堂变得更加民主、更加开放了。

通过日常研修，我开始重视问题链的设计，引发学生的深度思考（如图5-11所示），使知识从灌输转向了探究与领悟，使学生的思维品质得到了提升，让学生真正地成为课堂的主人。

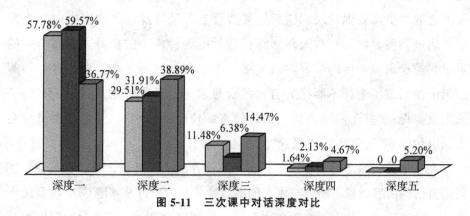

图 5-11　三次课中对话深度对比

在项目研修过程中，我系统地学习了定量与定性相结合的观察与反思的方法，在研讨中分享教学智慧与经验。除此之外，我还坚持手写课后反思日志，及时梳理课堂上自己做得好的和做得不好的地方，培养自己迅速反应、自省深思的好习惯。逐渐地，我对好课堂的标准也悄然发生了变化。我逐渐成为课堂的参与者，与学生一起合作交流，在自由的交流中进行思维的碰撞。我也逐渐地成长着、蜕变着、收获着。

通过靠谱COP项目专家的引领与自我反思内化，将理论与实践紧密结合，我认识到：在课堂中，自己的提问方式、回应方式、提问类型、对话深度等对学生的学习效果以及学生思维方式的培养有着重要的影响，并逐渐在自己的课堂中不断改进和完善。

不仅如此，我还将在靠谱COP项目中学到的课堂观察方法推广到学校其他教研组的校本研修中，帮助教师结合四何问题、对话深度、有效性提问等维度进行问题设计。另外，我们借鉴靠谱COP项目的线上、线下相结合的研修方法，结合优课教研平台，开展"主题研讨"和"同备教案"活动，为各教研组的校本研修注入了新的活力，形成了特有的校本研修文化。

3. 在反思中蜕变

紫雪娇老师的反思具有鲜明的特点——通过课堂教学行为大数据发现问题，然后再各个击破。当紫雪娇老师发现自己的问题类型设计有问题时，她深挖问题的根源，将反思内容指向课堂教学实践，通过不断地实践调整，使教育教学更高效地开展。随后，紫雪娇老师又将反思的内容指向学生发展，通过调整教学策略与人际知识促进学生各种能力的提升，提高学生的学习兴趣、训练学生的学习方法、培养学生健全的心理与人格。良好的师生氛围使紫雪娇老师不断提升自己的反思水平，形成理论，并在"十二五"规划重点课题"基于微课的交互式媒体有效应用的质性研究"第七次研讨会上做"（数学）互动课堂优质微课"的汇报交流。

在三年的研修活动中，紫雪娇老师不仅养成了做反思记录的好习惯，还利用自己的所思所感不断地与周围同事、领导、教研员及靠谱COP项目的专家、助学者讨论。紫雪娇老师在这期间发生了巨大变化，课堂教学问题的层次设计更加合理，师生交流互动更加流畅自如，反思水平也在逐渐提高。

5.1.2 善用教师专业发展加速器——丰台区第十八中学教师案例

1. 教师简介

本案例的主人公是来自北京市丰台区第十八中学具有6年教龄的陈迪老师，2014年加入靠谱COP项目。2016年8月，其反思数字故事作品《都江堰教学反思》在"第六届全国基于网络的教师实践社区COP学术研讨会"中荣获二等奖，同时获得基于网络的教师实践社区COP项目"明星教师"荣誉；2017年5月，其公开课《合欢树》获"北京市丰台区教师在线实践社区（靠谱COP）项目"优秀课例评选一等奖；2017年7月，其反思数字故事作品《借我翅膀，助我飞翔》获"第八届全国基于网络的教师实践社区COP学术交流观摩培训活动"一等奖；其《合欢树》教学设计及课例在 2018 年北京市基础教育优秀课堂教学设计评选中荣获优秀课例一等奖。

一节好课往往是反复打磨出来的，而且还需要根据所教学生的不同不断调整教学方法和教学策略等。陈迪老师为了打磨一节课，先后三次请靠谱 COP 项目助学服务团队进行课堂教学行为大数据的采集与分析，通过分析课堂教学模式、有效性提问、四何问题、对话深度等维度来反思教学过程中产生的问题，并根据出现的问题再做教学设计的修订与优化，最终形成如下的问题化教学案例。

2. 问题化教学案例

表 5-1　问题化教学案例

学校名称	北京市丰台区第十八中学	设计者	陈迪
学科（版本）	北京版	年级	高二年级
章节	《中国现代诗歌散文欣赏》第三单元《合欢树》	学时	1
教学目标	1. 通过小组合作学习方式，解决针对文本提出的问题。 2. 体会并感悟渗透在文中的母子深情。 3. 体会作者对生命的思考。		
教学重点、难点以及突破措施	1. 教学重点：通过小组合作学习方式，解决学生针对文本提出的问题。 2. 教学难点：体会作者对生命的深刻思考。 3. 突破措施：小组合作学习，教师提供探究方法及拓展资料辅助阅读。		
学习者分析	学生在第一课时已熟悉文本，对作者史铁生有了一定了解，且读过作者代表作《我与地坛》的片段，能体会并感悟到渗透在文中的母子深情。作者的语言锤炼、文章构思及情感抒发非常值得深入品读。由于学生的阅历有限，无法通过自己的阅读深入理解，教师需要引导他们展开阅读。		
教学资源	教材、文字拓展资料、课件。		

续表

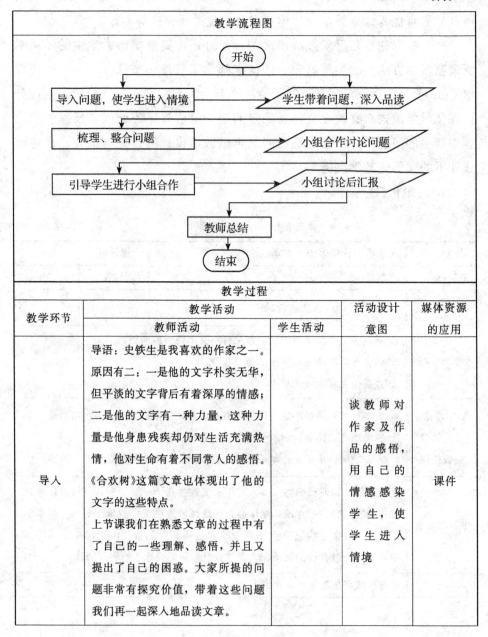

教学环节	教学活动		活动设计意图	媒体资源的应用
	教师活动	学生活动		
导入	导语：史铁生是我喜欢的作家之一。原因有二：一是他的文字朴实无华，但平淡的文字背后有着深厚的情感；二是他的文字有一种力量，这种力量是他身患残疾却仍对生活充满热情，他对生命有着不同常人的感悟。《合欢树》这篇文章也体现出了他的文字的这些特点。上节课我们在熟悉文章的过程中有了自己的一些理解、感悟，并且又提出了自己的困惑。大家所提的问题非常有探究价值，带着这些问题我们再一起深入地品读文章。		谈教师对作家及作品的感悟，用自己的情感感染学生，使学生进入情境	课件

续表

梳理、 整合问题	1. 将上节课学生提出的问题进行梳理，分类整合为三个有价值的问题。 ①语句理解类：如何理解"悲伤也成享受"？ ②寓意类："合欢树"的作用、寓意是什么？（文章以"合欢树"为题，但提及"合欢树"的笔墨很少，为什么?）；文中多次提及"孩子"，有何用意？ ③情感类：作者为何对合欢树有先后不同的情感态度变化？（不见—想见—没见。） 2. 每小组任选一个问题合作讨论。	学生将问题分类并整合； 小组选择问题	鼓励学生提出问题，并在教师的协助下整合问题	课件
小组合作 讨论问题	1. 教师提供如下探究方法。 ①反复细读文本、品味语言和情感。 ②结合上下文，在语境中理解语言。 ③借助拓展材料。 ④结合生活经历或阅读体验。 2. 请一位学生朗读文章，其他同学在听读过程中再次细读文本。 3. 在小组讨论过程中，教师深入小组观察，及时给予引导。	学生根据教师提供的方法及拓展资料，以小组为单位，细读文本，思考、讨论、解决问题，讨论过程中将讨论成果记录下来。		

续表

小组汇报	每小组按照指定顺序汇报小组讨论成果，教师在汇报者的基础上进行归纳、总结。	每组选派代表就本组所讨论的问题进行汇报。课后，每小组将汇报内容进行整理、总结，形成电子文档留存。	讨论后汇报，展示讨论成果	
总结	结语：今天我们通过小组合作学习的方式将大家的问题——解决，同时对文本的理解也更加深入。但对这篇文章的阅读还没有停止，希望大家今后能对这几方面有更多的思考：一是母爱。史铁生和母亲之前的深情如此打动我们，我们也应该思考一下今后要如何体谅我们的母亲。二是如何面对困难。你能不能用"悲伤也成享受"这样的心态来面对痛苦或者失败。一次考试失利，带给你的是更多的经验，认识到你更多的不足，以便查漏补缺。还有就是，以后在你的不同人生阶段中，你一定会再读史铁生，再读《合欢树》《我与地坛》……那时你一定会有新的，或者比你现在的认识更深刻的体会，这是时间和阅历带给你的非常有意思的阅读体验。这篇文章可能就是你的"合欢树"，它也见证了你的成长。		给学生更多的思考和启示	课件

3. 案例分析报告

该案例中课堂教学行为数据如图 5-12 至图 5-21 所示。

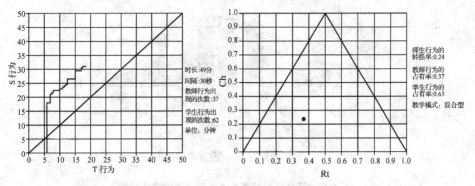

图 5-12 该案例的 S-T 曲线图   图 5-13 该案例的 Rt-Ch 图

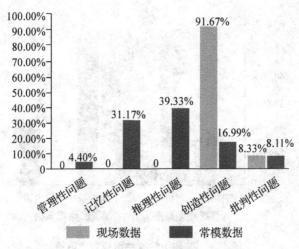

图 5-14 该案例的提出问题的类型数据

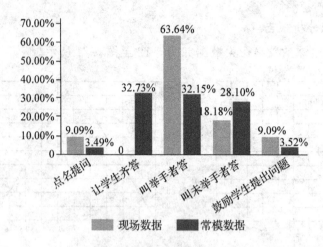

图 5-15　该案例的教师挑选回答问题的方式数据

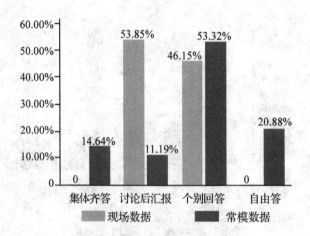

图 5-16　该案例的学生回答方式数据

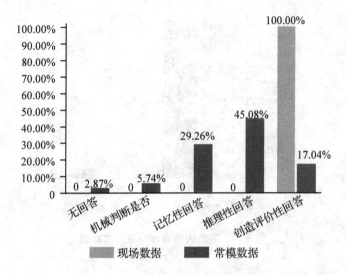

图 5-17　该案例的学生回答类型数据

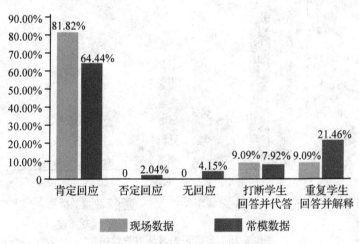

图 5-18　该案例的教师回应态度数据

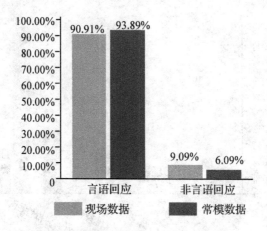

图 5-19　该案例的教师回应方式数据

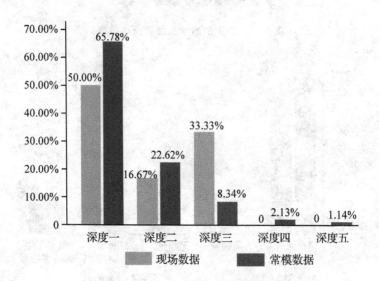

图 5-20　该案例的对话深度数据

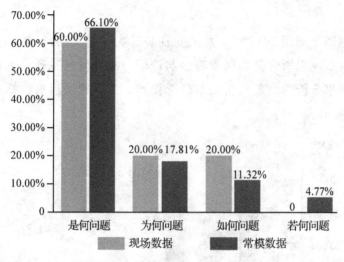

图 5-21　该案例的四何问题数据

　　综合分析发现，本节课的教学类型属于混合型。S-T 曲线能够反映课堂教学结构，本节课以学生为主体，以教师为主导；在互动形式上，本节课中，重复学生回答并解释的比例低于常模数据；在互动的主体意识上，陈迪老师积极鼓励学生提出问题，说明陈迪老师能够有意识地以学生的观点引领课堂；互动质量、教师主导性的发挥与学生主体性的发挥可根据提出问题的类型、对话深度和四何问题维度来判断，本节课中创造性问题和批判性问题的比例均高于常模数据，为何问题和若何问题的比例也高于常模数据，对话深度三的比例远高于常模数据。此节课是散文赏析课，散文的教学应该抓住意向，走进情境，体会情感，要依据学生提出的问题，形成一条情感的脉络，培养学生审美和鉴赏的能力。在此过程中，教师应该有意识地加强干预，引导学生通过诵读体悟文中的情感发展，培养学生审美的心理体验。

4. 基于课堂教学大数据加速教师专业发展

　　下面以丰台区第十八中学高二年级语文陈迪老师所教授的《合欢树》一课为例，来分析丰台区靠谱 COP 项目校的教师是如何使用大数据改进课堂教学行为的。

陈迪老师分别于 2017 年 3 月至 5 月共三次对散文《合欢树》进行授课，每次授课后都使用所学到的课堂观察与诊断方法和同伴进行数据的采集及分析，并根据分析的结果重新调整教学设计。三次授课后的数据如图 5-22 至图 5-25 所示。[5]

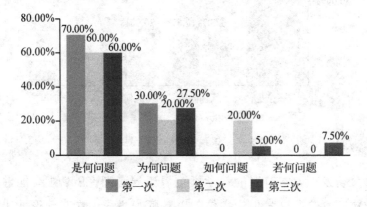

图 5-22　三次授课中的四何问题

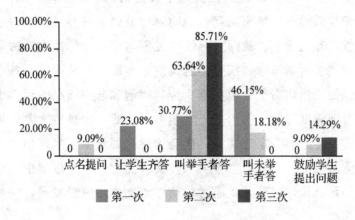

图 5-23　三次授课中的教师挑选回答问题的方式

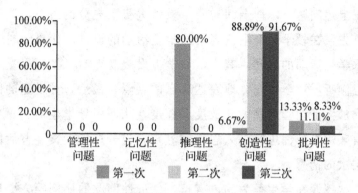

图 5-24　三次授课中的提出问题的类型

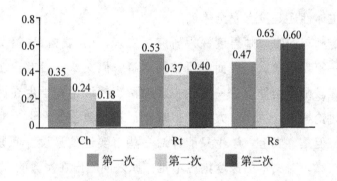

图 5-25　三次授课中的 Rt-Ch 图

从图 5-22 至图 5-25 可以看出每一次授课中师生行为的比例、教师课堂问题的设计和对学生思维能力的培养情况。

从课堂观察数据来看，第一次授课过程中师生行为的转换率较高，师生对话频繁，学生行为的占有率稍低。这说明在教学过程中教师的控制性较强，基于学生实际需求的教学设计不足，学生为中心体现得不够充分。学生的表达有局限性，多数是被动地回答教师提出的问题，对学生的思维训练深度不足。推理性问题的比例高，推理性问题主要体现在对文章内容较浅层次的问答上。在四何问题数据上表现为是何问题比例极高。教师所提出的创造性问题和批判性问题较少，也就是说对学生的思维训练深度还有待于进一步加强。

　　根据上述问题，陈迪老师与同组教师进行了充分的研讨，调整了教学设计。首先，在教学环节中适当增加学生活动的设计，让小组讨论更加充分，确保学生活动的时间。其次，在学生发表观点时，教师尽量不打断学生，专心倾听，让学生充分地表达自己的观点。最后，对设置的问题进行了改进，加大了课堂问题的开放度和深度，从而引导学生对文章内容、情感及语言表达等方面进行深入思考和鉴赏，充分地挖掘文字背后的深意和作者深层次的情感。

　　第二次授课在学生行为的占有率、创造性问题的比例等方面确实有所改进。但是学生参与活动和探究的广度不够，只集中在个别学生身上，真正的学生主体性还是没有完全体现出来。

　　陈迪老师与同组教师再度深入研究后发现，《合欢树》这篇文章是选修教材中的一篇现代散文，表面上看容易理解，但文章背后有很多深层次的问题需要在教师的引导下进一步挖掘。前两次授课中，学生在课前提出问题，课上讨论解决，这样的方式看似教师居于次要位置，学生对课堂的主导性更强。但是事实上，学生只能针对一些事实性信息设计问题，讨论的深度也比较浅，对文本的深度挖掘不足。原来问题出在授课的方式上。

　　于是，第三次授课的时候，陈迪老师以"错过"为关键词，梳理文中的多次"错过"，让学生揣摩体会作者几次错过中的情感流动；借助关键语句品析，把握作者对母爱、生命的哲理思考。陈迪老师设计课堂上的主要问题，以问题链的方式，用几个大问题为引领，贯穿文章，启发学生思考。在这样的启发式教学中，学生思考问题，品读文本，更能深入、准确地理解、把握文章。从课后的数据中可以看出，这一次学生的思维真正地被调动起来了，学习探究的主动性充分地体现出来。

　　三年多的研究与实践，大数据技术已经深入项目校教师的课堂，发挥着不可替代的作用。同时我们也要清醒地认识到，大数据技术是对教育资源的一种扩充而不是替代，它也不是万能的，具有一定的局限性。我们可以用它来诊断课堂教学行为和提出专业的改进建议，但它本身不会促进教师教学行为的改进。教学行为的改进需要教师不断的实践与反思。正如《大数据时代》指出的那样，大数据提供的不是答案，只是参考答案。所以我们要避免"唯数据论"，既要使用大数据，又不能淹没在浩瀚无边的数据中，应该将我们过去的经验、积累的成果与数据有机地结合起来，做到善于采集有效数据，为我所用。

5.1.3　项目引领下的弯道超车——佟麟阁中学校本研修案例

1. 项目学校的背景简介

佟麟阁中学原名北京市丰台区南顶中学，2014 年 9 月在纪念抗日战争胜利 69 周年之际更名为北京市佟麟阁中学。更名给学校注入了新的精神文化元素，即佟麟阁将军的爱国主义精神。学校围绕以英雄人物为载体的爱国主义教育，依托中华民族优秀文化传统和民族精神，提出了"担当教育"，以"担当教育"促进学生、教师、学校的和谐发展。

教师队伍的建设是实施"担当教育"的根本保障。2015 年，佟麟阁中学的教职工有 58 人，其中区、校骨干教师 19 人，高级教师 13 人，35 岁以下青年教师的比例为 45%，多数教师处于成长期和发展期。为使学校教师尽快获得高质量发展，学校积极申请加入北京教育学院丰台分院靠谱 COP 项目。

2. 学校经验分享

靠谱 COP 促"担当文化"落地，助推教师专业发展

佟麟阁中学围绕以英雄人物为载体的爱国主义教育，依托中华民族优秀文化传统和民族精神，提出了"担当教育"，以"担当教育"促进学生、教师、学校的和谐发展。

佟麟阁中学在参与靠谱 COP 项目的过程中，从保障机制、团队建设、教师发展、校本研修和学校成长等方面狠抓落实，助推了教师的专业发展。

一、加强规范管理，健全长效机制

（一）成立领导小组

为了确保研修活动的有效实施，学校建立了二级小组管理制度，分级管理，分层推进。其中，一级小组负责监督把关研修团队的各项活动，确保活动正常、有序实施，由校长和副校长任组长；二级小组负责监督研修活动过程及评价研修活动效果，由教学主任和各学科教研组组长任小组成员。

（二）规范制度管理

为做好过程性管理和监控，保证研修活动的有效开展，学校认真制定发展规划和工作计划，建立研修教师选拔制度、管理制度和奖励制度，以及研修教师组内的反思总结交流制度、学期汇报制度。同时，为了扩大项目辐射教研组和备课组开展教学研究的作用，学校把参与研修的过程和效果与优秀教研组的评选挂钩，突出了对学科教研组的绩效奖励，保证了团体协作共同提升，充分开发运用了教师研修活动的最大效能。

1. 考勤制度

学校根据靠谱COP项目研修通知中提及的时间、地点等内容，让教研组组长对参与研修的教师进行考勤记录，每学期中、末向教学主任进行反馈。

2. 汇报制度

研修团队教师结合每学期所学知识，与教学主任、教研组组长进行交流沟通，在校本研修或教研组活动中对所学知识进行展示汇报，每学期至少两次。

3. 交流制度

研修教师之间建立交流机制，针对线上线下培训活动及课堂观察活动中所学内容进行沟通交流，发表各自的见解与看法，解决各自遇到的问题，提升教师运用知识与方法的能力。

4. 奖励制度

学校领导小组根据学校考勤制度、汇报制度及交流制度中反馈的教师数据，靠谱 COP 项目团队发布的研修教师活动数据，以及教师在研修阶段所获的教育教学成果，对研修教师进行考核评价。考核合格的研修教师可参与该研修培训相关的外出培训活动。

二、打造中坚队伍，建立担当团队

学校根据管理制度，选择参与研修的教师，分别是英语高级教师路昕娟、语文高级教师张玉凤、地理一级教师王晓旻、生物二级教师谢欣荣、数学二级教师郭楠。他们在自身专业发展上处于不同的阶段，在教学上分属不同学科，因此团队配置较为全面。在培训过程中，每位教师珍惜学习机会，积极参与，认真完成项目任务，成为成长最快的担当团队。同时，学校为研修教师搭建多种展示交流平台，给予教师培训时间及经费的支持保障。研修教师在培训期间的获奖情况共计 59 人次。

通过靠谱 COP 项目的指引，教师在历时三年的研修过程中深入学习相关理论知识，与学校的办学实践紧密结合，细致落实项目教育教学的研究，及时将培训成果外化辐射。通过三年的实践研究，学校发生了很大的变化，教师和学生获得了实际的成长和发展。

三、研修团队勇于担当，引领全校教师发展

(一)发挥辐射作用，主动在日常教学中发挥作用

佟麟阁中学靠谱 COP 项目团队深入各学科的日常教学工作，通过在教研组和备课组、导师带教等途径对教师的教学工作进行指导，提高教师课堂提问的有效性；通过辐射作用，对其他非靠谱 COP 项目团队的学科组建设起到引领作用，使教师在教学工作中形成"肯担当、能担当、善担当"的局面。

(二)结合学校教学计划，通过开展专题讲座，提升全员教师的业务水平

2016 年 10 月 24 日的校内研修由学校靠谱 COP 项目团队的路昕娟老

师、王晓旻老师、谢欣荣老师为大家介绍靠谱COP项目。同时，学校以"课堂提问的设计"为主要教研目标，开展了关于课堂提问的培训活动，包括什么是靠谱COP项目及这个项目的作用和特色、靠谱COP项目课堂观察方法与技术的理论及实践案例以及靠谱COP项目对教师个人发展的收获三个方面。

（三）通过课堂观摩展示活动，深刻体会技术在教学中的运用

全校教师一起对"世界的气候"复习一节课进行数据采集分析，每一位教师拿着学案对提问类型、提问深度进行了现场分析，全校教师体验了完整的课堂观察过程。每位听课教师都有自己的观察方向，带着任务来学习，在完成任务的过程中经历真实发现学生学什么、怎样学、学得怎么样的过程，促进教师关注学情、关注教材，以学生学的角度去设计课堂优质提问启发学生思考。活动后教师自主设计一个本学科的创造性问题，发到微信群中交流评判，并尝试运用科学的课堂观察方法对自我课堂进行剖析并反思课堂教学。

四、发挥研修培训的作用，衍生互动式校本研训

学校结合靠谱COP项目的研修活动，衍生出了互动体验式的校本研训。学校为参与项目研修的教师提供各种展示交流的空间，除区级要求的课堂观察展示课外，还组织教师开展全校观摩研讨课。结合靠谱COP项目的互动体验式培训，学生把课题研究与校本培训、课堂观察相结合，带领教师在做中学、行中思，开展基于课堂观察方法与技术的互动研讨系列活动。

（一）开展靠谱COP项目专题研讨，进行课堂片段现场分析

学校以参与靠谱COP项目研修的骨干教师的示范课的教学片段为案例，从S-T分析、提出问题的类型及对话深度等维度向教师介绍问题设计对于提升课堂教学的重要性，并带领教师对教学片段进行数据采集。在对教学片段分析的过程中，教师记录数据时严肃认真，校对采集结果时紧张兴奋，完全沉浸在获取新知识的快乐中，在学习体验中获得教育理念、专

业能力等的提升。

　　理论加实践的互动式校本研训，使得教师基本掌握了课堂观察的方法与技术；成员之间的相互协作和知识共享，使得校本研训更加科学有效。

　　（二）数据驱动课堂教学，打造常态高效课堂

　　学校采取"数据采集—数据分析—数据反思"的形式进行课堂观摩展示活动，发挥研修教师的示范引领作用，带领全校教师采集、分析数据，重视数据的价值，营造运用数据说话的氛围，并挖掘数据背后的教学问题。

　　例如，学校开展了"以学生发展为中心，从课堂观察开始"的全校教学研讨活动。每位教师在听课中都有自己的观察方向，体验了完整的课堂观察过程，并在课后对不同维度的数据结果进行汇报分析。靠谱COP项目专家在课后解答了教师在课堂观察中遇到的一些问题并进行了基于数据证据链的综合分析。教师基本掌握了课堂观察方法与技术，能够以课堂教学行为大数据为抓手，还原真实课堂情境中的关键事件，形成多维互证的结论。借助课堂教学行为大数据，学校解决了以往课堂教学效果评价过于主观的问题，进一步明确了课堂改进的方向，推进了课堂教学效果评价的现代化发展。

　　这种研修方式改变了传统的被动听讲座培训的方式，使教师在互动学习交流中真正体会学习者的快乐。

　　五、学校的发展变化

　　在三年的靠谱COP项目学习过程中，通过研修团队的辐射引领作用，学校、教师、学生都获得了较大的发展。教师有了崭新的精神面貌，有了在教育教学工作上的担当意识、担当能力。学生也通过教师的问题引领，变得阳光自信，能提出有价值的问题，并能积极解决问题。

　　在师生的共同努力下，学校有了如下的突破。

　　①学校在 2017 年荣获丰台区政府颁发的"丰台区教育显著进步奖"和丰台区教育委员会颁发的"丰台区中考优类校"。

　　②学校成为 2016—2017 年度北京市基础教育学生综合素质评价工作先进单位。

③学校在丰台区 2016—2017 学年初中联片教研工作中获得优秀中心校称号。

④学校获得丰台区第六届"师慧杯"集体组织三等奖。

我们要感谢北京教育学院丰台分院为学校教师的专业发展创造了新的契机，通过靠谱 COP 项目为学校的发展提供助力。在促进教师专业发展的道路上，学校将继续在实践中反思，在反思中改进，在改进中收获，在收获中成长。借助课堂教学行为大数据等方法技术，重构教师的教育信念，变革教师的教学方式，实现教师由"经验型"向"研究型""创新型"角色的转变，推进学校发展迈上新台阶。

3. 项目引领下的弯道超车

教师是学校发展的主要动力，而教师的教学水平直接制约着课堂教学效率，同时也严重制约着学校的发展。面对数量众多和处于发展期、成长期的教师，科学高效的研修方式是促进教师专业发展、提升学校教育教学水平的重要保障。为落实教师参与靠谱 COP 项目，佟麟阁中学制定了一系列的保障与激励机制，将问题直指教师的实践性经验。

教师通过课堂教学实践经验而非正规的直接理论培训的途径所获得的、在实践中得到确认的、解决实践中出现的问题的那部分知识被称为实践性知识，也是教师最信奉的知识。教师所拥有的实践性知识具有突出的实践性，这意味着教师的实践性知识既是在实践中构建的（in practice），又是关于实践的（on practice），还是指向实践的（for practice）。所以，佟麟阁中学的领导、教师紧紧围绕教学实践、结合课堂教学大数据，反思教学中的问题，总结教育教学规律，促进教师专业成长，提升学生参与课堂教学的积极性。

在项目实施期间，学校教师得到了充分的培训，教师的专业水平得到了快速提升，学生的参与度逐日提高。这是教师的成长，更是学校教育教学水平的提升。

5.2　专业引领

所谓方法重构是指在方法解构的基础上对环节进行优化重组，将原本突出的问题结构化、目的化，根据解决方案对问题进行重新认识和重新解决。

在课堂教学活动中，不同教学模式与教学方法是针对某一特征类型的问题确定的最优化解决方案。然而，随着教育理念的不断更新、现代化教育的不断推进与学习环境的不断改善，原有教育教学模式与方法已经不适合当前教育教学场景，需要对教与学的过程进行重新认识、解构原有模式、重构新模式。

教师专业发展的模式重构将从三个方面介绍：基于教育大数据的教学反思、基于教育大数据的教学法创新和基于教育大数据的非正式学习。基于教育大数据的教学反思是对教与学过程的重新认识过程，同时也是解构原有模式的过程；基于教育大数据的教学法创新是重构方法论的过程；基于教育大数据的非正式学习是将重构的方法论进行论证与实践的过程。

5.2.1　基于教育大数据的教学反思

基于教育大数据的课堂观察方法与技术是支持教学改革的数据基础，然而只有重新认识这种方法与技术与平时的课堂观察的异同，才能从根本上对原有模式进行解构。

绘制韦恩图(如图 5-26 所示)，对比基于教育大数据的课堂观察与平时听课的异同可以清晰地看出两者的差别与相同点。

在了解基于教育大数据的课堂观察与平时听课的区别与共性的基础上，针对教学实践过程中所产生的课堂教学各维度数据进行反思，是对自我教学能力与水平的再认知的过程。只有掌握正确的反思方法与技术才能达到提升教学水平的目的，也只有正确地认识课堂教学的优势与短板才能真正

175

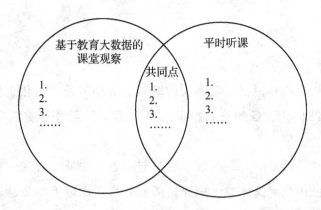

图 5-26　基于教育大数据的课堂观察与平时听课的对比

对教师的专业发展有所帮助。

目前，数字故事作为教育叙事和教学反思的一种研究途径，已经在教育领域中得到了较为广泛的应用，并且已经开始成为教与学的一种新方式。[6]例如，教师可以利用数字故事创设课堂教学情境，改进教育方法和改善教学设计[7]；教师还可以利用数字故事，改进教学方法，增强课堂的吸引力，促进师生思想的深度互动，将知识技能教育与情感态度教育相融合，为学生提供高质量的学习体验，激发学生的学习兴趣和创造力。[8]同时，创作基于课堂教学的数字故事作为教师研修的一种教育叙事研究，能够有助于教师进行课后的教学反思和发展实践性知识。[9]图 5-26 总结了数字故事在课内与课外进行应用的作用与意义。

图 5-27 按照教师与学习者、课内与课外两个维度总结了四种典型的数字故事在教与学中的作用。在实际应用中，教师可以按照不同的对象和不同的情境，以及不同的应用目的选择创建或使用不同种类的数字故事开展教与学。

按照数字故事的叙事类型划分，我们在分析首都师范大学杨卉教授等人提出的三种典型的数字故事基础上进行一定的改编，如表 5-2 所示。[10]

图 5-27　数字故事的作用与意义

表 5-2　三种典型的数字故事比较

叙事类型	界定	目的	基本要素	特点
课堂关键事件叙事	授课教师、课堂观察者通过数字故事叙事，重现一堂课中有意义的实践，并阐述作者对实践的感悟和揭示，以及事件对教与学的启示意义等	促进教师或学习者在叙述事实的过程中进行反思；加强与同伴交流分享时对事件的感悟和认识	故事要素（包括时间、地点、人物、事件情节和结果），作者对事件的解释及经验启示	事件的还原性、启发性，对教与学认识的具体经验的表面性
课堂教与学反思日志	教与学反思日志描述了教师或学习者一段时间内有关课堂中感触最深的教与学活动，该活动可能涉及课前、课中、课后的行为，日志中一般记录了教师或学习者对活动的反思过程，阐述了教师或学习者通过反思对活动背后教与学经验的认识	促进教师或学习者对教与学的具体经验有更加本质性的认识，促进同伴间对经验进行充分及深入的交流	课堂情景分析（学生特征、课堂类型和教与学的目标等），教与学活动设计，活动实施情节，活动效果分析，总结活动背后的经验等	课堂活动的还原性、课堂活动叙述的完整性、对教与学具体经验认识的全面性和深刻性

续表

叙事类型	界定	目的	基本要素	特点
专题教育叙事	教师或学习者在某段时间内与某一教与学专题相关的课堂教学叙事，以及对这些叙事进行的梳理和反思，能够更全面、系统地归纳该专题的教与学经验知识	体现专题教与学经验发展的脉络；对专题的经验知识挖掘、知识碎片概括和重组等	明确的叙事专题、围绕专题的系列课堂教与学回顾和专题经验总结	事实的还原性、专题经验间的联系性、专题经验的全面性

当数字故事用于教师的教学反思时，我们还需要注意提升教学反思的层次。反思是行动主体对自身行动的整个过程，采取批判性的回顾、分析和检查，总结自身的行动经验，最后通过理性思维判断、调整和控制行动，实现问题解决与自我发展的一种能动的、审慎的认知过程。[11]加拿大马克斯·范梅南教授（Max Van Manen）提出反思要经历三个认知水平：第一个水平是最低的反思水平，也被称为技术合理性水平。[12]这一水平的反思是教师作为反思者根据个人的经验对事件进行反思，或进行非系统的、非理性的观察，往往看不到目的的存在，是一种经验分析模式。第二个水平是实践行为水平。教师作为反思者能够对系统和理论进行整合，经常认为教学事件中存在着问题，但往往表现出个人的偏见，因而这是一种现象分析模式。第三个水平是批判性反思水平。教师作为反思者能够以开放的意识，将道德和伦理标准整合到关于实践行为的论述中。此时，教师不带有个人偏见去关注对学生发展有益的知识和社会环境的价值，这是反思的最高水平，也是批判辩证模式。

斯帕克斯-兰格·G. M.（Sparks-Langer G. M.）等人提出了一个教学反思的思维框架，共包括 7 层模型，如表 5-3 所示。[13]

表 5-3　教学反思的 7 层模型

水平	描述
1	没有描述性的语言
2	普通的、外行的描述
3	事件用适合的术语标记
4	用传统或个人偏好解释
5	用合理的原则或理论解释
6	用原则或理论解释，并能考虑到背景因素
7	包含对伦理、道德、政治因素思考的解释

表 5-3 所显示出的不同反思水平框架区分了语言和思想，比较容易对反思水平的评估进行操作。第一层为反思的最低水平，反思者无法用语言描述对教学过程或事件的反思内容及过程；第二层为反思者能够用简单的话语对教学事件做外行的描述；第三层为反思者能够用教育学的术语对事件进行标记；第四层为反思者能够用传统的、具有个人偏好的语言对教学事件做解释；第五层为反思者能够用合理的教育原理或原则对教学过程或事件进行解释；第六层为反思者在做解释时能考虑到各种背景因素；第七层为反思的最高水平，其反思已经达到了批判性反思水平，反思者能够结合道德、伦理、政治等因素对教学过程或事件进行评论和评价。

5.2.2　基于教育大数据的教学法创新

反思的目的在于实践，基于教育大数据的教学反思作用于教学实践中，目的性更强，从而为教学方法带来的变革也最为明显。下面将以三个典型的教学法创新为例进行讨论。

1. 问题探究法创新

问题探究法是根据学生的认知规律，在教学中按照"提出问题—分析问题—解决问题"次序进行的。其中提出问题主要是由教师主导完成。教师提出问题的类型包含管理性问题、记忆性问题、推理性问题、创造性问题、批判性问题，问题的类型决定了学生思维能力的发展水平。针对不同类型的课堂，教师要在兼顾知识引导的基础上进行思维能力的培养。因此，在教学设计方面教师可以对提问策略进行创新，用创造性问题与批判性问题培养学生的深层思维能力，同时培养学生的创新思维能力。

当前教学中的师生关系是以教师为主导、以学生为主体的。然而知识的学习也不应完全是教师提问、学生回答的形式。从课堂观察的教师挑选回答问题的方式维度来看，其包含鼓励学生提出问题，这可以引导教师进行更深层次的问题探究方法的创新——将提问题的主动权交给学生。这一教学方法的创新是建立在建构主义学习理论基础上的，通过鼓励学生提出问题，抓取知识之间的衔接点，使教学有的放矢地进行，使生成性知识成为促进学生思维能力与知识层次提升的必要因素。

2. 问题链教学法创新

所谓问题链教学法是指通过主问题的抛出形成连锁反应，将主问题分支下的小问题逐个抛出，形成具有一定层次、解决不同问题、具有一定思维深度的问题组。这些问题组是具有先后顺序的，是在学生认知规律的基础上对问题的细致化设计。

在课堂观察数据维度方面，我们通过设计四何问题来解决不同类型的问题。例如，是何问题是事实性问题，如定义性问题等，该类问题的解决意味着学习者事实性知识的获取。为何问题是指向原理、法则、逻辑等的问题，如推理性问题等，该类问题的解决意味着原理性知识的获取。如何问题是指向方法、途径与状态的问题，如技能与流程性问题等，该类问题的解决意味着策略性知识的获取。若何问题是指向条件发生变化、可能产生新结果的问题，如假设性问题等，该类问题的解决意味着创造性知识的获取。

除了在问题链的设计过程中注重问题类型的设计外，我们更应该对问题深度进行挖掘。通过对问题深度的设计，我们可以挖掘个体对问题的理解及其深度。在课堂观察数据维度中，对话深度是呈现个体思维深度的数据表现。这种方法实质上是古希腊教育家苏格拉底所提出的一种教育方法——"产婆术"。具体方法是在与学生对话的过程中，并不直截了当地把学生所应知道的知识告诉他，而是通过讨论问答甚至辩论的方式来揭露对方认识中的矛盾，逐步引导学生自己得出正确答案。

在问题链教学法创新中，我们应注重"点"与"面"的结合。其中"点"指的是个体基于对话深度的思维探索，"面"指的是针对全班学生的问题类型设计与思维启发。只有"点"与"面"的结合才能使问题链的设计更充分，更适合学生学习认知的实际。

3. 角色扮演式案例教学法创新

案例教学法是指通过一个具体的教育情境的描述，引导学生对这些特殊情境进行讨论的一种教学方法。学生通过一个个具体案例的讨论和思考，去诱发创造的潜能。角色扮演是为帮助个人了解人物所处的社会环境、分析人际关系，通过饰演角色的方式探索角色的情感，洞察角色的态度、价值和感知，培养问题解决的技能和态度。

角色扮演式案例教学法是在对具体案例深入讨论和思考基础上进行的角色扮演。这种教学法是在避免案例分析不到位、换位思考不成熟的基础上进行角色扮演的不足，更是在避免应用案例教学法的教学过程中学生积极性不高、体验角色情感不深入等缺点。

角色扮演式案例教学法所呈现的课堂教学类型一般为"混合型"，这是由教学法的结构决定的。通过案例探索的方式，师生进行平等对话交流，再通过角色扮演的方式深化情感、提升问题解决的感知能力与思维能力。在教师回应方式维度，由于课堂教学展现形式的不同，教师会不自觉地采用非言语回应来增加课堂的感染力。除此之外，在学生回答方式中，讨论后汇报的数据比例会相对较高，因为基于案例进行讨论是解决认知冲突的有效途径。建构主义理论认为，每位学生头脑中都会主动构建相关知识情境，而这种情境是随经验、能力不同而不同的。因此，要想统一认识，增强学生对知识的顺应能力，需要通过合作讨论的方式解决认知冲突。

5.2.3 基于教育大数据的非正式学习

靠谱 COP 项目团队针对某地区的 95 位教师的课堂教学行为大数据、实践性知识大数据和在线学习行为大数据，运用路径分析方法、聚类分析方法、COI 认知临场分析法、文本可视化分析方法、主成分分析法、多维尺度分析法和相关性分析法等基于大数据的知识发现方法与技术进行了深入分析，发现了七种典型的教师成长行为路径。[14]

1. 认知取向的教师成长行为路径

认知取向的教师成长行为路径共有三种，如图 5-27、图 5-28、图 5-29 所示。这三种路径反映出教师的教学行为受教师实践性知识的直接影响，并受在线学习行为的间接影响。

图 5-28 的教师成长行为路径一表明：教师在线学习时应该多进行探究学习活动，探究学习行为可以有效促进教师的教育信念水平、情境知识水平和反思知识水平的提升。教育信念水平越高的教师，反映在课堂上，其叫未举手者回答问题。学生答的行为越多，而且打断学生回答并代答的行为越少，反映出教师尊重学生的主体性，注重学生在课堂教学中的参与性。情境知识水平越高的教师，其非言语回应和批判性问题的比例越高，反映出师生关系更加亲密，而且教师更加注重对学生进行批判性思维的培养。反思知识水平越高的教师，在课堂中对话深度四的行为越多，反映出教师更多地运用了追问等方式对教与学进行及时的干预。

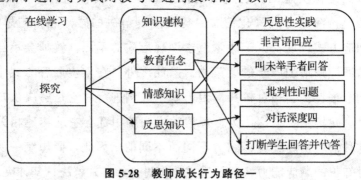

图 5-28 教师成长行为路径一

图 5-29 的教师成长行为路径二表明：教师在线学习时应该多进行归纳总结，归纳总结学习行为可以有效促进教师的教育信念水平和策略知识水平的提升。教育信念水平越高的教师，反映在课堂上，其叫未举手者回答问题。答的行为越多，且打断学生回答并代答的行为越少，反映出教师注重学生在课堂教学中的参与性，关注更多的学生，同时也会更加尊重学生的主体行为。策略知识水平越高的教师，其提出若何问题的教学行为会越多，反映出教师更加注重对学生的迁移能力的培养，课堂中会有比较多的开放性问题。

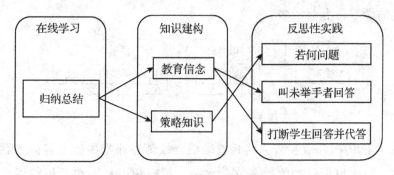

图 5-29　教师成长行为路径二

图 5-30 的教师成长行为路径三表明：教师在线学习时应该多涉及付诸应用，付诸应用的学习行为可以有效促进教师的情境知识水平的提升。情境知识水平越高的教师，在课堂中提出批判性问题的行为会越多，且非言语回应的行为也会越多，反映出教师更加注重对学生批判性思维的培养，师生关系更加亲密和谐。

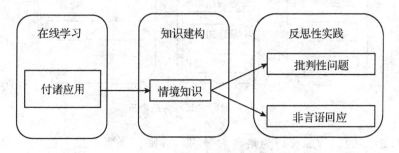

图 5-30　教师成长行为路径三

2. 实践取向的教师成长行为路径

通过研究发现，实践取向的教师成长行为路径有四种，如图 5-31 至图 5-34 所示。这反映出教师的在线学习行为受教师实践性知识的直接影响，并受课堂教学行为的间接影响。

图 5-31 的教师成长行为路径四表明：教师在课堂中出现打断学生回答并代答的行为越少，越可以促进教师的教育信念水平的提高。教师的教育信念水平越高，其在线学习的时候越能发现自己在课堂教学中的问题，触发事件的学习行为会越多。

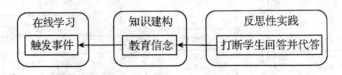

图 5-31 教师成长行为路径四

图 5-32 的教师成长行为路径五表明：教师在课堂中提出若何问题的行为越多，越可以促进教师教育信念水平、策略知识水平和反思知识水平的提升。教师的教育信念水平越高，其在线学习时越能发现自己在课堂教学中的问题，触发事件的学习行为会越多。教师的策略知识水平越高，在线学习中的归纳总结学习行为越多。教师的反思知识水平越高，在线学习中的探究行为越多。

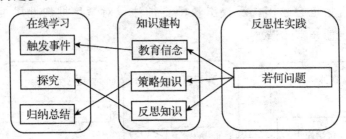

图 5-32 教师成长行为路径五

图 5-33 的教师成长行为路径六表明：教师在课堂中提出批判性问题的行为越多，越能促进教师情境知识水平的提升。教师的情境知识水平越高，

其在线学习时越能面向问题解决付诸应用。

图 5-33 教师成长行为路径六

图 5-34 的教师成长行为路径七表明：教师在课堂中出现对话深度四行为越多，越能促进教师反思知识水平的提升。教师的反思知识水平越高，其在线学习时会出现越多的探究学习行为。

图 5-34 教师成长行为路径七

5.3 基于教育大数据的教师专业发展建议

项目是基于一定原则开展的，只有科学有效的原则性顶层设计，才有项目顺利开展的保障。因此，本部分将从制度保障原则、立足课堂教学实践原则、以数据驱动促进教师专业发展原则、教育大数据与学科教研的深度整合原则、知识共享原则方面提出基于教育大数据的教师专业发展建议。

1. 制度保障原则

制度保障是项目顺利进行的外在手段，利用科学有效的制度及其评价，才能保证项目的内容得以顺利实施。此处的制度保障包括时间保障——项目开展时间（一般为三年）；资源保障——项目开展所需要的研修内容、理论、实践机遇等；政策保障——保障教师顺利开展研修的区域性政策与校级政策不冲突等。当制度保障得以充分落实时，教师的专业研修才能顺利实施。

2. 立足课堂教学实践原则

项目立足于课堂教学，聚焦课堂教学行为，以教师实践性知识水平的提升和教学行为改进为研修目标，以课堂教学行为大数据为研究工具，通过具体经验获取、反思性观察、抽象概括和积极实践阶段形成的经验学习圈模式开展教师研修活动，循环往复，发展提升，提高研修教师的终身学习能力、信息化教学能力以及教学创新实践能力。

3. 以数据驱动促进教师专业发展原则

项目中的数据包括教师的课堂教学行为数据和教师的实践性知识数据。其中，课堂教学行为数据描绘的是教师外显的行为表现，而实践性知识数据描绘的则是行为背后内隐的实践性知识。线下通过课堂观察获取教师与学生的行为数据，并结合常模数据进行数据分析，为教师教学行为的改进提供数据与理论支持；线上通过数据挖掘与语义分析对教师发帖数据进行分析，并针对教师所形成的社会网络及知识图谱进行分析，为教师进行同侪互助学习提供技术与理论支持。项目不仅实现了教师实践性知识与课堂教学行为的可视化，并利用大数据融合和数据挖掘技术进行内外互动的大数据分析，为学校和教师的发展提供基于数据的决策支持。几年来，项目建立了丰台区大数据常模系统，使得课堂评价标准具有普遍性、全面性，能够对课堂进行科学、客观、精准的评价。项目培养出了一批特色名师，这些教师在课堂诊断分析、问题化教学及学习分析等方面树立起了自己的教学特色，带动并影响了丰台区的一线教师，实现了试点项目的示范作用。项目研修中，以教师自身为研究主体、以教师的教育教学行为和学生的学习行为为研究对象、以师生的发展为目的，指导教师展开教育教学行动的研究，有利于强化教师开展行动研究的主动性和积极性，帮助研修教师进行个性化教学理论的形成和概括，从而促进教师从教书匠向专家型教师的转变。

4. 教育大数据与学科教研的深度整合原则

在面向全学科开展项目研修的基础上，项目不断探索大数据服务与学科教研深度整合的机制。从项目顶层设计到项目实施过程中的每一步，都由专家团队和教研团队强强联合、深度合作，不仅能提升项目对学科教学指导的专业性，同时也带动并促进了学科教研质量的提升。

5. 知识共享原则

教师实践性知识的共享能力主要包括团队成员的知识储备、专业技术水平和沟通能力，因此应加强每位教师的学习交流与分享活动。另外，由于教师实践性知识的特性会影响团队知识的共享绩效，因此应不断培养隐性知识的显性化能力，增强对隐性知识的表达能力，从而提高成员的知识共享能力。其中，抽象概括阶段与积极实践阶段的研修学习是着力提升教师知识共享能力的重要阶段。

课堂研究可以使教师对自己以前的教学经验和生活经验进行反思重构，从而影响其课堂决策。课堂研究建议教师使用对学生的兴趣提升、深入学习和社会发展有积极影响的方法与策略；理解当前的教育研究，运用相关的概念理论和研究方法，把研究内容与自己的课堂教学结合起来，从而对教学产生新的理解并改进自己的教学。

在区域性项目实施过程中，为使项目研修教师进行更广泛和更深刻的研究，学校应进一步加大校本研修力度，支持并促进项目研修教师在学校组织开展面向学校实际问题的校本研修，将在项目中掌握的方法与技术共享、扩散到更多教师，将项目的研修成果辐射到学校的各项活动中，不断优化校本研修的组织形式和激励机制，开展更加科学化、规范化的校本研修，在提高项目的辐射作用的同时，促进学校和教师的可持续发展。

项目的开展不仅是提升教师的专业能力的过程，更是提升教师教学研究的过程。而研究结果则是一位教师或一个团队研修水平的体现。项目开展过程为研修教师搭建了多种展示交流平台，创建了一批优质的课例、教师反思数字故事资源。在此基础上，教师借助大数据服务和学科教研的深度整合，应进一步加强教学研究投入，丰富科研成果产出。

【本章参考文献】

[1]OECD. Summary Report of the Third GCES Thematic Conference: "Effective Multi-level Governance in Education"[C]. Paris: NESCO Headquarters, 2013.

[2]Beeby C. F. The Quality of Education in Developing Countries[M]. Cambridge: Harvard University Press, 1966.

[3]田汉族, 王子行. 基于产权视角的义务教育阶段教师配置初探[J]. 教学与管理, 2016(10).

[4][14] 王陆, 彭劢, 马如霞, 等. 大数据知识发现的教师成长行为路径[J]. 电化教育研究, 2019(1).

[5]王冬梅. 大数据技术支持下的课堂教学观察与诊断[J]. 中国教师, 2018(7).

[6]Conelly M. Clandinn J. Stories of Experience and Narrative Inquiry [J]. Educational Researcher, 1990(5).

[7] 冯涛, 宗佳. 基于交互式电子白板的"数字故事讲述"[J]. 中小学信息技术教育, 2010(5).

[8]黎加厚. 数字故事的教育意义[J]. 中小学信息技术教育, 2012(6).

[9]杨卉, 张敏霞, 丁伯华. 多元化教育叙事在教师在线实践社区经验学习活动中的应用研究[J]. 中国电化教育, 2013(8).

[10]王陆. 现代教育技术应用[M]. 北京: 高等教育出版社, 2014.

[11] 王陆, 张敏霞. 教学反思方法与技术[M]. 北京: 北京师范大学出版社, 2012.

[12][加拿大]马克斯·范梅南. 教育敏感性和教师行动中的实践性知识[J]. 北京大学教育评论, 2008(1).

[13] Sparks-Langer G. M., Simmons J. M., & Pasch M., et al. Reflective Pedagogical Thinking: How Can We Promote It and Measure It[J]. Journal of Teacher Education, 1990(5).